
Uebungsbuch

für

das Deutsche Civilprozeßrecht

von

Dr. Leonard Jacobi,
Justizrath und Universitäts-Professor zu Berlin.

Zweite, umgearbeitete und vermehrte Auflage der „Akademischen Praktika" 2. Abtheilung.

Berlin 1900.
Verlag von H. W. Müller.
(SW.) Luckenwalderstr. 2.

Vorwort zur zweiten Auflage.

Es giebt keine schwierigere Aufgabe im Bereiche des juristischen Unterrichts, als die erfolgreiche Veranstaltung praktischer Uebungen des Civilprozeßrechts. Abgesehen davon, daß diese Aufgabe kaum lösbar ist für einen Lehrer, der nicht selbst eine Reihe von Jahren Prozeßpraktiker war, ist ja auch dem Studirenden durchschnittlich nichts fremder, als eine lebendige Anschauung der prozessualen Vorgänge und als das spezifisch prozessuale Denken.

Da nun zudem die Ausbildung durch die Praxis selbst seit Einführung des mündlichen Verfahrens erheblich zurückgegangen ist, so wird mit vollem Rechte jetzt im Universitätsunterricht auf die praktischen Uebungen im Civilprozesse der höchste Werth gelegt. Auch kann in der That dem Studirenden nicht dringend genug ans Herz gelegt werden, sich an diesen Uebungen mit allen Kräften zu betheiligen, da er andernfalls nach Eintritt in den praktischen Dienst das peinliche Gefühl der Hilfs- und Rathlosigkeit lange Zeit mit sich herumzutragen hat.

Das hier vorliegende Uebungsbuch zerfällt in zwei Abtheilungen. Die erste Abtheilung enthält zur mündlichen Erörterung bestimmte Fragen. Dieselben sind eingereiht in zehn, alle wesentlichen Materien des Civilprozesses umfassende mit Vorbemerkungen versehene Abschnitte. — Die zweite Abtheilung enthält die vorzugsweise zur schriftlichen Bearbeitung bestimmten Aufgaben.

Insoweit ist die ursprüngliche Einrichtung des Buches auch in der vorliegenden zweiten Auflage beibehalten. Im Einzelnen sind indessen mit Rücksicht auf die veränderte Gesetzgebung eine Anzahl Fälle als nunmehr nicht mehr geeignet ganz gestrichen. Andere sind theils abgeändert, theils aus der ersten in die zweite Abtheilung versetzt. Im Ganzen ist die Sammlung — trotz der vorgenommenen Streichungen — durch Heranziehung der neueren Judikatur nicht unbedeutend (von 120 auf 180 Fälle) vermehrt.

Nicht wenige unter den ausgewählten Fällen geben willkommene Gelegenheit zur Vergleichung des alten mit dem neuen Rechte und zur Hervorhebung der durch Letzteres gemachten Fortschritte. — Daß das im Prozesse zu verwirklichende materielle Recht nunmehr ein weit überwiegend einheitliches ist, kommt naturgemäß auch den prozessualischen Uebungen sehr wesentlich zu statten.

Die erste Auflage enthielt in den Anmerkungen Quellen- und Literaturnachweise, sowie in der zweiten Abtheilung bezüglich der einzelnen Fälle Specialfragen, welche die schriftliche Bearbeitung erleichtern sollten. Diese Anmerkungen sind jetzt gänzlich gestrichen, weil Angesichts der neuen Prüfungsordnungen das Aufsuchen von Hilfsmitteln den Studirenden selbst überlassen werden muß. Ein Hinweis auf besonders empfehlenswerthe Handausgaben und Commentare beim jedesmaligen Beginne der Uebungen ist dadurch natürlich nicht ausgeschlossen.

Die Anhänge enthalten: I. den Instanzenzug, II. das System der Civilprozeßordnung und III. dem Anschauungsunterricht dienende Formulare zu Schriftsätzen, Gesuchen, Verfügungen und Beschlüssen.

Charlottenburg, im März 1900.

L. Jacobi.

Inhaltsverzeichniß.

Erste Abtheilung.

Fragen. (Mündlich zu erörtern.)

Zweite Abtheilung.

Aufgaben. (Schriftlich zu bearbeiten.)

Erste Abtheilung.

Fragen. (Mündlich zu erörtern.)

Kapitel I.

Prozeßvoraussetzungen.

Vorbemerkung. Mängel, welche die unverzichtbaren Grundlagen des Prozesses betreffen [im Gegensatz zu den bloßer Parteirüge unterliegenden Vorschriften § 295], werden von Amtswegen derartig berücksichtigt, daß das Gericht je nach Umständen seine Thätigkeit einstellt, Anträge zurückweist, die materielle Entscheidung ablehnt, die Vorentscheidung und das von der Richtigkeit betroffene Verfahren aufhebt. §§ 56, 355 Nr. 1, 539, 547 Nr. 1, 551, 564, 579.

Im Einzelnen kommen zur Sprache die Zuständigkeit im Kap. II, die Beobachtung der Nothfristen im Kap. III, V und VIII, die Nothwendigkeit der Entscheidungsgründe § 551 Nr. 7, § 313 Nr. 4 im Kap. VII. — Hier sind zu besprechen die Erfordernisse

A. der gehörigen Gerichtsbesetzung sowohl vom Standpunkte der Gerichtsverfassung § 551 Nr. 1, § 579 Nr. 1 und G.V.G. § 194, als gegenüber den Vorschriften über Ausschließung und Ablehnung der Richter §§ 41—49; § 551 Nr. 2, 3, § 579 Nr. 2, 3;

B. der Zulässigkeit des Rechtsweges § 551 Nr. 4, § 274 Nr. 2;

C. der Parteifähigkeit, Prozeßfähigkeit und gesetzlichen Vertretung §§ 50—58, §§ 78—90, § 551 Nr. 5, § 579 Nr. 4;

D. der Oeffentlichkeit, Mündlichkeit, Unmittelbarkeit des Verfahrens §§ 128, 285, 355, §§ 309—312, 551 Nr. 6 und G.V.G. §§ 170, 176.

---

1. Der Gerichtsassessor N. ist einer Civilkammer des Landgerichts B. zur Beschäftigung ohne Stimmrecht überwiesen. Diese Beschäftigung erfolgt in der Art, daß er als Referent in bestimmten ihm zugetheilten Prozeßsachen an den Sitzungen der Kammer neben den ständigen Mitgliedern Theil nimmt und sich in diesen Sachen als Referent an der Berathung betheiligt, ohne jedoch mitzustimmen.

Eine Partei wünscht zu wissen, ob sich dieser Vorgang nicht verwerthen ließe zur Anfechtung eines so zu Stande gekommenen ihr ungünstigen Erkenntnisses.

---

2. Der Rechtsanwalt P. hat in Vollmacht des A. als angeblichen Vorstandes eines Vereins Klage erhoben, kann aber die Legitimation des A. als Vereinsvorstand nicht beibringen.

Daraufhin hat das Landgericht einen Beschluß dahin verkündigt, daß die weitere Verhandlung wegen Mangels der gesetzlichen Vertretung abgelehnt werde.

Gegen diesen Beschluß hat der Rechtsanwalt P. Berufung eingelegt. — Es fragt sich: Ist dieselbe zulässig und wie ist weiter zu verfahren?

---

3. Der Amtsrichter X. ist unmittelbar nach einer Sitzung schwer erkrankt und bald darauf verstorben. Sein Amtsnachfolger findet eine Anzahl in dieser letzten Sitzung verkündigter Urtheile unvollendet vor; nämlich theils nur die im Protokoll enthaltene Urtheilsformel mit Publikationsvermerk, theils auch schon den Thatbestand, jedoch keine Gründe.

Um die verlangten Urtheilsausfertigungen ertheilen zu können, verfaßt er nachträglich auf Grund der in den Gerichtsakten befindlichen Schriftsätze und der Bleistiftnotizen seines

Vorgängers die fehlenden Thatbestände und Gründe und läßt in dieser Gestalt die Urtheile ausfertigen.

Es fragt sich: ist dies Verfahren zulässig?; wenn nicht, wie hätte verfahren werden sollen?

Wie wenn ein Mitglied der erkennenden Civilkammer durch Tod oder durch Krankheit verhindert ist, das vom Referenten abgefaßte Urtheil mit zu unterschreiben?

---

4. Der Beklagte hat den Einwand der Unzulässigkeit des Rechtsweges erhoben, gestützt auf folgende Testamentsbestimmung: Für den Fall, daß in dem Testamente Dunkelheiten oder Zweideutigkeiten sich finden sollten, sind die ernannten Testamentsvollstrecker berufen, den Willen des Testators zu ergänzen und endgültig dasjenige festzustellen, was das Testament im Unklaren läßt. Den Betheiligten soll eine gerichtliche Anfechtung jener Entscheidung nicht gestattet sein bei Strafe des Verlustes ihres Anspruchs.

Kläger hält den Einwand deshalb für hinfällig, weil die von ihm angerufene testamentarische Bestimmung weder dunkel noch zweideutig sei. Wie ist zu entscheiden?

---

5. Der Verlagsbuchhändler W. beabsichtigt, eine neue Auflage eines bereits in mehreren Auflagen erschienenen Gesangbuchs zu veranstalten. In Folge Widerspruchs des Consistoriums der Provinz Br., welches für sich ein Autorrecht in Anspruch nahm, hat er mit dem Antrage geklagt: festzustellen, daß dem beklagten Consistorium ein Autorrecht nicht zustehe.

Die beklagte Behörde verweigert die Einlassung zur Hauptsache, weil sie nicht prozeßfähig sei, und beantragt über diesen Einwand besonders zu entscheiden. Dies wird dahin begründet, Consistorien seien blos kirchliche Aufsichtsbehörden ohne juristische Persönlichkeit; in ihren Vermögensangelegenheiten werde die Landeskirche durch den Oberkirchenrath vertreten.

---

6. In Sachen A. gegen die Unfallversicherungsbank zu B. hat das Berufungsgericht beschlossen, die vom Kläger in Bezug genommenen Untersuchungsakten gegen L. und Genossen wegen Körperverletzung von der Königl. Staatsan-

waltschaft einzufordern und beizufügen. Nachdem dies geschehen, ist im nächsten Termine auf Verurtheilung erkannt. Im Thatbestande heißt es: „Auch wurden von der Staatsanwaltschaft zu H. die Akten gegen L. und Genossen wegen fahrlässiger Körperverletzung herangezogen.“ In den Entscheidungsgründen wird sodann ausgeführt, wie der erhobene Anspruch als gerechtfertigt erscheine durch die den Untersuchungsakten entnommenen Aussagen der Zeugen und Sachverständigen.

Läßt sich Revision begründen?

---

7. A. hat wegen Mangelhaftigkeit einer ihm gelieferten Dampfmaschine gegen B. Gewährsansprüche erhoben, ist jedoch auf Grund des von B. unter Bezugnahme auf die Vorprozeßakten umgekehrten Rubri erhobenen Einwandes der rechtskräftig entschiedenen Sache abgewiesen.

Die Urtheilsgründe gehen dahin: Zufolge Beweisbeschlusses seien die Akten des Vorprozesses beigefügt; daraus sei von den Parteien das Erforderliche vorgetragen. Die Parteien seien einig, daß der Vorprozeß denselben Gegenstand und die Bezahlung des Kaufpreises dafür betroffen habe. Ferner ergebe sich, — wie näher dargelegt wird, — aus dem Inhalt der Akten, daß im Vorprozesse eadem res inter easdem personas entschieden, mithin der erhobene Einwand der rechtskräftig entschiedenen Sache begründet sei. —

Kann Kläger, welcher mit der Entscheidung unzufrieden ist, mit Aussicht auf Erfolg Berufung einlegen?

Kapitel II.

Zuständigkeit.

Vorbemerkung. Behufs Erledigung der massenhaften, „vor die ordentlichen Gerichte gehörigen bürgerlichen Rechtsstreitigkeiten“ (§ 3 E.G. z. C.P.O.) findet eine Arbeitstheilung in dreifacher Richtung statt, nämlich a) zwischen Einzelrichtern (Amtsgerichten) und Collegialgerichten (Landgerichten) nach der Beschaffenheit des Gegenstandes; b) zwischen Gerichten niederer und höherer Instanz (Amtsgericht, Landgericht. — Landgericht, Oberlandesgericht, Reichsgericht) behufs Controle der richterlichen Thätigkeit durch höhere Gerichte; c) nach

Gerichtsbezirken derartig, daß der größere Bezirk der obern Instanz die kleinen Bezirke der untern Instanz umfaßt.

Aus den Regeln dieser Geschäfts-Eintheilung ergiebt sich für jeden einzelnen Prozeß, welches Gericht zu dessen Verhandlung und Entscheidung befugt und verpflichtet, „zuständig“ ist. Aus § 16 G.V.G., § 551 Nr. 4 C.P.O. folgt, daß die Zuständigkeit von Amtswegen zu prüfen ist. Ist sie nicht hergestellt durch eine nach §§ 38—40 zulässige Vereinbarung, so muß sie gesetzlich, sowohl sachlich als örtlich, begründet sein.

A. Sachliche Zuständigkeit: G.V.G. §§ 23, 24, 70, 71, §§ 101 ff., 123, 135. — C.P.O. §§ 2—11.

B. Oertliche Zuständigkeit; allgem. Gerichtsstand §§ 12—19; besonderer Gerichtsstand §§ 20—34; extra ordinem § 36.

C. Ausschließliche Zuständigkeit, nicht nur örtlich § 25 (Immobilarrechte), sondern auch sachlich § 584 (Wiederaufnahme), §§ 606, 665, 676, 685 (Ehe- u. Entm.-Sachen), § 689 (Zahlungsbefehl), § 802 (Zwangsvollstr.), § 1005 (Aufgebotsverf.), §§ 71, 146 R.K.O. (Konkurs).

---

8. I. Gegen ein Urtheil des (für den Landbezirk zuständigen) Amtsgerichts Berlin II wird frist- und formgerecht Berufung eingelegt bei dem (für den Stadtbezirk zuständigen) Landgerichte Berlin I. Beide Parteien verhandeln vor letzterem, ohne die Unzuständigkeit zu rügen, mündlich zur Sache. Ist dadurch Prorogation begründet? oder ist die Unzuständigkeit von Amtswegen auszusprechen?

II. In einem andern Falle war beim Amtsgericht Klage auf Zahlung von 350 Mark Miethe angebracht. Nachdem Beklagter in seiner schriftlichen Klagebeantwortung die Unzuständigkeit gerügt hatte, ermäßigt Kläger vor der mündlichen Verhandlung seinen Anspruch auf 300 Mark. Der Beklagte bleibt bei seinem Einwande. Ist derselbe begründet?

---

9. I. F. hatte sich verpflichtet, als Färber in die Fabrik von H. einzutreten. Da er den Dienst nicht antrat, so klagte H. beim Landgerichte auf Vertragserfüllung, nämlich auf Verurtheilung des Beklagten zum Dienstantritt und Schadenersatz. — Beklagter wendet Unzuständigkeit des Gerichts ein aus § 23 Nr. 2 G.V.G.

II. Derselbe Einwand wurde einer beim Landgerichte von A. gegen B. erhobenen Viehmängelklage (a. redhibitoria) in der Berufungsinstanz entgegengesetzt, vom Kläger aber für ausgeschlossen erachtet durch § 10 C.P.O.

III. In einem dritten Falle war in der beim Landgericht eingereichten Klage beantragt: festzustellen, daß der zwischen den Parteien errichtete Miethsvertrag dem Kläger gegenüber ungültig event. nur auf ein Jahr gültig gewesen sei, und demgemäß den Beklagten zur sofortigen Räumung der Wohnung zu verurtheilen.

Dabei begründet Kläger die von ihm behauptete Zuständigkeit des Landgerichts damit, daß negative Feststellungsklage angestellt sei, eventl. aber die Klage auch als Anfechtungsklage oder a. negatoria vor das Landgericht gehören würde. Die Räumung sei nur eine Folge der Aufhebung des Miethsvertrages.

Es fragt sich in allen diesen Fällen, ob der Einwand der Unzuständigkeit begründet ist?

---

10. Laut eines zwischen A. und B. abgeschlossenen Tauschvertrages hatte Ersterer seinen in J. bei G. belegenen Bauerhof dem Letztern gegen dessen in H. belegenes Grundstück bis zu einem bestimmten Tage abzutreten. Nachdem aber B. vor Eintritt dieses Termins erklärt hatte, er erkenne den Vertrag nicht als verbindlich an, erhob A. Feststellungsklage bei dem Landgericht zu G.

Den vom Beklagten erhobenen Einwand der Unzuständigkeit hält Kläger für hinfällig, weil durch die Nichtanerkennung des Vertrages auch seine eigene Verpflichtung in Frage gestellt sei.

---

11. Der zu Gr. wohnhafte Verkäufer C. hat bei dem Fürstlichen Landgericht daselbst geklagt auf Kaufpreiszahlung für nach Br. an den dort wohnhaften N. gegen drei Monat Ziel gelieferte Waaren. Die Zuständigkeit des Fürstlichen Landgerichts wird dahin begründet: Der Vertrag sei in Gr. mit dem damals dort anwesenden Beklagten geschlossen; auch sei die verkaufte Waare laut Abrede zur Uebersendung an Beklagten einem Spediteur in Gr. ausgeantwortet, mithin die Uebergabe in Gr. erfolgt, deshalb ebenda auch Zahlung zu leisten gewesen.

Da Beklagter im Termine nicht erscheint, so beantragt Kläger Versäumnißurtheil.

---

12. A. in E. verkaufte dem in P. wohnhaften N. 400 Stück Hammel zum Preise von 33 Mk. für 50 Kilo lebend Gewicht mit der Verabredung, daß die Abnahme an einem bestimmten Tage in E. zu erfolgen habe.

Da die Abnahme nicht erfolgte, hat A. nach vorheriger Androhung die Hammel zur Versteigerung gebracht und den dabei erlittenen Ausfall im Betrage von 1200 Mk. bei dem Landgerichte zu E. eingeklagt. In der Klage bezeichnete er diese Summe als ihm durch den Annahme-Verzug des Beklagten entstandenen Schaden.

Beklagter hält das Gericht für unzuständig; denn einmal würde die Zahlung des Kaufpreises nicht in E., sondern von P. aus zu leisten gewesen sein, und sodann sei überhaupt nicht auf Erfüllung geklagt, sondern auf Schadenersatz.

---

13. A. hat bei dem Gerichte des letzten Wohnsitzes des Erblassers als dessen Sohn und Erbe folgende Klageanträge gestellt, welchen der Beklagte die Einrede der Unzuständigkeit des Gerichts entgegensetzte:

1. gewisse vom Erblasser vorgenommene Schenkungen unter Lebenden für nichtig zu erklären;
2. sein Testament für nichtig zu erklären;
3. event. die freigebigen Verfügungen wegen Verletzung im Pflichttheile zu reduciren.

Angefochten wurden die in Rede stehenden Verfügungen wegen näher dargelegter und unter Beweis gestellter Geistesschwäche des Testators. — Es fragt sich, ob und inwieweit der Einwand der Unzuständigkeit begründet ist?

---

14. Während des Deutsch-Französischen Krieges 1870 wurde Dr. Johann J. auf dem im Bezirke des Landgerichts Hz. belegenen Bahnhofe zu Kreiensen durch einen Polizei-Wachtmeister verhaftet. Die Verhaftung erfolgte auf Befehl des zu Hannover wohnhaften General-Gouverneurs General

V. v. F., auf dessen weiteren Befehl Dr. J. demnächst nach der Festung Loetzen gebracht wurde.

Dr. J. hat demnächst bei dem Landgerichte zu Hz. gegen den General V. v. F. Entschädigungsklage erhoben mit der Begründung, es seien ihm durch die gesetzwidrige Handlungsweise des Beklagten Nachtheile erwachsen. Er verlangte auch Entschädigung für die Freiheitsberaubung.

Beklagter hat — unter Ablehnung der Verhandlung zur Hauptsache — den Einwand der Unzuständigkeit erhoben, da die angeblich rechtsverletzenden Befehle von ihm nicht im Bezirke des Prozeßgerichts ertheilt seien, sondern in Hannover. Seine ganze Thätigkeit habe lediglich von dort aus stattgefunden.

---

15. A. hat als Besitzer eines laut Stiftungsurkunde zum Familienfideicommiß erklärten Rittergutes im Kreise L. gegen B. zu N. Klage dahin erhoben: festzustellen, daß er vor dem Beklagten successionsberechtigt sei.

Die bei dem Landgericht N. im persönlichen Gerichtsstande des Beklagten erhobene Klage ist in erster Instanz abgewiesen, weil das Gericht annahm, Kläger habe sein besseres Recht nicht nachgewiesen. Kläger hat Berufung eingelegt, worauf Beklagter den Einwand der Unzuständigkeit des Gerichts erhob. Diesen hält Kläger gegenüber der erhobenen Feststellungsklage für unbegründet, auch in der jetzigen Instanz für verspätet.

Kapitel III.

Zustellungen, Ladungen, Wiedereinsetzung.

Vorbemerkung [B. I, Abschn. 3, Tit. 2, 3 u. 4]. Zustellungen erfolgen entweder im Parteibetriebe §§ 166 ff. oder von Amtswegen §§ 208 ff. Ladung und deren Zustellung ist regelmäßige (§ 218) Voraussetzung der Mündlichkeit, weil mündliches Verfahren nur in Terminsverhandlungen stattfinden kann. — Von gewissen Ausnahmefällen (§§ 199—207) abgesehen, erfolgen Zustellungen entweder

A. durch Gerichtsvollzieher und durch die Post §§ 166 ff., 193 ff., mit oder ohne Vermittelung des Gerichtsschreibers. — Dabei ist Ersatzzustellung zulässig §§ 181—184 und gilt in §§ 175, 192 die Post selbst als Zustellungsbevollmächtigter; oder

B. von Anwalt zu Anwalt § 198, und zwar auch im Parteiprozeß, jedoch mit Ausschluß der Ersatzzustellung, so daß § 183 Abs. 2 nicht anwendbar ist.

Die Ladungen sind wesentliche Bestandttheile der bestimmenden Schriftsätze § 253 Nr. 3, § 518 Nr. 3, § 553 Nr. 3. Ihre Rechtzeitigkeit §§ 217, 262 (§ 102 G.V.G.), §§ 498, 604 hängt zusammen mit der Berechnung und Veränderlichkeit der Fristen §§ 221—226. — Werden Nothfristen versäumt, so ist dies in der Regel nicht wieder gut zu machen. Ausnahmsweise findet Wiedereinsetzung statt, jedoch nur in den §§ 233—235 bezeichneten Fällen.

Die Zustellungsurkunde §§ 190—192, § 195 ist nur Beweisurkunde §§ 415, 418, Beweis der gehörigen Zustellung kann auch auf andere Weise (§ 286) erbracht werden. Ueberdies sind Mängel der Zustellung verzichtbar (§§ 295, 530, 558), vorausgesetzt, daß nicht gegen §§ 176, 179 verstoßen und die Nothfrist innegehalten ist.

Von der Zustellung der Urtheile [S. unten Kap. VII] ist der Beginn der Nothfristen für Rechtsmittel, Einspruch und Ergänzungsantrag §§ 516, 552, 339, 321, sowie der Beginn der Zwangsvollstreckung § 750 abhängig.

16. Der für den Prozeß bevollmächtigte Anwalt der Klägerin hatte einem andern Anwalt Substitutions-Vollmacht ertheilt. Nachdem der Gegner diesem Substituten die Berufungsschrift hatte zustellen lassen, entsteht die Frage, ob die Berufung gehörig eingelegt, oder ob sie als unzulässig zu verwerfen sei?

---

17. Beklagter hatte eine gemeinsame Prozeßvollmacht ausgestellt auf die Rechtsanwälte J. und K. und zwar dahin, daß J. für den Rechtsstreit beim Landgericht J., soweit der Rechtsstreit aber beim Oberlandesgericht zu führen sei, K. sein Prozeßbevollmächtigter sein solle.

Diese Vollmacht hatte Rechtsanwalt J. zu den Gerichtsakten des Landgerichts eingereiht und beglaubigte Abschrift derselben dem klägerischen Anwalt mitgetheilt.

Gleichwohl hat Letzterer die Berufungsschrift dem Rechtsanwalt J. zugestellt, weshalb Beklagter beantragt hat:
Die Berufung als unzulässig zurückzuweisen.

Wie ist zu entscheiden nach dem früheren § 164 C.P.O., wie nach dem jetzigen § 179 C.P.O?

---

18. Im Termine zur mündlichen Verhandlung über die eingelegte Berufung hat beim Ausbleiben des Anwalts des Berufungsklägers der Anwalt des Berufungsbeklagten Zurückweisung der Berufung durch Versäumnißurtheil beantragt, und zwar unter Vorlegung der ihm zugestellten beglaubigten Abschrift der Berufungsschrift. Der Antrag ist jedoch zurückgewiesen, weil Antragsteller keine Zustellungsurkunde, d. h. keine Bescheinigung des Berufungsklägers über die seitens desselben an den Gegner erfolgte Zustellung der Berufung vorlegen konnte.

Ist dieser Beschluß gerechtfertigt? und wenn nicht, wie ist er zu beseitigen?

---

19. A. hatte rechtzeitig Berufung eingelegt, die Berufungsschrift aber insofern nicht formgerecht zugestellt, als wohl die Urschrift der Berufung, nicht aber die dem Beklagten mitgetheilte beglaubigte Abschrift derselben die Ladung zu dem bestimmten Termine enthielt. Beklagter war im Termin zur mündlichen Verhandlung über die Berufung durch seinen Prozeßbevollmächtigten erschienen und hatte, ohne obigen Mangel zu rügen, sich auf die Sache eingelassen. — Das Gericht hat trotzdem die Berufung als formell unzulässig verworfen. — Es fragt sich, ob dem beizustimmen ist.

---

20. B. hat beantragt, die von A. eingelegte Revision zu verwerfen, weil trotz des von seinem Anwalt ausgestellten Empfangsbekenntnisses das angefochtene Urtheil thatsächlich nicht zugestellt worden sei.

Dem gegenüber wird seitens des A. geltend gemacht, der thatsächlichen Zustellung bedürfe es überhaupt nicht; denn unter den Rechtsanwälten des Gerichtsbezirks bestehe ein

Uebereinkommen, daß, wenn beide Theile sich schon Urtheilsabschrift hätten ertheilen lassen, auf Verlangen des betreibenden Anwalts der Gegenanwalt das im § 198 Abs. 2 C.P.O. vorgesehene Empfangsbekenntniß — behufs Kostenersparniß — ohne Zustellung nochmaliger Abschrift auszustellen habe.

---

21. Dem A., einem der Liquidatoren der B.-Actiengesellschaft stand gegen letztere eine Wechselforderung zu. Er ließ die Wechselklage kurz vor Ablauf der Verjährungsfrist sich selbst Namens der Beklagten zustellen. Nach Ablauf der Verjährungsfrist bewirkte er die wiederholte Zustellung an einen andern Liquidator. — Die Beklagte hat den Einwand der Verjährung erhoben, da die hier allein in Betracht kommende erste Zustellung unwirksam gewesen sei. — Letzteres will Kläger nicht zugeben, da man, wie im BGB. anerkannt sei, übrigens schon früher auch das Reichsgericht (Entsch. 6 S. 11) angenommen habe, sogar mit sich selbst als Vertreter eines Andern contrahiren könne. Für blos außergerichtliche Handlungen bestehe das Erforderniß der Personenverschiedenheit nicht.

---

22. Ist der Antrag auf Wiedereinsetzung in folgenden Fällen begründet?

I. Die vom Kläger eingelegte Berufung war laut Beurkundung des Postboten dem „erwachsenen" Sohne des Rechtsanwalts des Beklagten zugestellt worden. In der Berufungsbeantwortung machte Beklagter geltend, daß dieser Sohn erst zehn Jahre alt, die Zustellung mithin nichtig sei. Darauf hat der klägerische Anwalt Wiedereinsetzung gegen den inzwischen erfolgten Ablauf der Nothfrist beantragt, worauf der Gegenanwalt ausführte, die Versäumung sei keine unverschuldete im Sinne des § 232 Abs. 2.

II. Nachdem das verurtheilende Erkenntniß erster Instanz am 12. Mai zugestellt worden, hat der Gerichtsvollzieher die Berufungsschrift am 5. Juni der Klägerin in Person, am 13. Juni deren Prozeßbevollmächtigtem zugestellt. Im Verhandlungstermin ist vom Anwalt der Beklagten Wiedereinsetzung beantragt.

---

23. I. A. hat gegen Versäumung der Revisionsfrist Wiedereinsetzung in den vorigen Stand nachgesucht mit der Begründung, sein Anwalt habe dem Prozeßgegner die Revisionsabschrift zustellen lassen, ohne sie vorher durch Namensunterschrift zu beglaubigen, und zwar in Folge der unrichtigen Versicherung seines Schreibers, das zuzustellende Schriftstück sei schon beglaubigt. — In dem durch diese Versicherung hervorgerufenen Irrthum sei dann der Anwalt des Revisionsklägers noch dadurch bestärkt worden, daß auch der mit der Zustellung beauftragte Gerichtsvollzieher es unterlassen habe, auf das Fehlen der Unterschrift aufmerksam zu machen.

II. In einem anderen Falle war Wiedereinsetzung beantragt unter Berufung auf ein ärztliches Attest, nach welchem der Anwalt des Antragstellers in den letzten Monaten ernstlich erkrankt gewesen sei.

Der Gegner hat beantragt, die Revision als unzulässig zu verwerfen, weil es an der nach § 236 Nr. 1 erforderlichen Angabe der die Wiedereinsetzung begründenden Thatsachen fehle.

In beiden Fällen fragt sich, ob den so begründeten Anträgen stattzugeben ist oder nicht.

Kapitel IV.

Prozeßbetheiligung.

Vorbemerkung. Hier handelt es sich nicht um die Prozeßfunktionen der öffentlichen Organe [Richter, Gerichtsschreiber, Gerichtsvollzieher, Staatsanwaltschaft], sondern lediglich um die Betheiligung als Partei, als Beistand der Partei oder als Parteivertreter. Hierher gehört:

A. die Streitgenossenschaft [B. I, Abschn. 2, Tit. 2] als subjective theils zulässige, theils nothwendige Mehrheitsbetheiligung; im Gegensatz zur objectiven Klagecumulation § 260.

B. Intervention, Streitverkündigung, Eintritt in

den Prozeß [B. I, Abschn. 2, Tit. 2 und §§ 265, 266]. Im Gegensatz zu der in die Lehre vom Gerichtsstande gehörigen Hauptintervention §§ 64, 65, betheiligt sich der Nebenintervenient am Prozesse als Beistand der Hauptpartei bald mit bald ohne Streitverkündigung §§ 66 ff., 72 ff. — In Ausnahmefällen §§ 75—77, 266 übernimmt der Dritte den Prozeß an Stelle einer bisherigen Hauptpartei.

C. Prozeßvertretung [B. I, Abschn. 2, Tit. 4]; geboten in Anwaltprozesse, freiwillig im Parteiprozesse. Machtgeber ist an Stelle der nicht prozeßfähigen Partei deren gesetzlicher Vertreter § 51. — Den Bestimmungen über die Legitimation des Prozeßbevollmächtigten §§ 81 ff. liegt zu Grunde die auch im materiellen Recht §§ 164 ff., 662 ff. B.G.B.; §§ 50, 126 H.G.B. durchgeführte Unterscheidung zwischen Auftrag und Vollmacht. Demzufolge ist — wenigstens für den Anwaltprozeß — der Umfang der Vollmacht §§ 81—84 im Wesentlichen ein für alle Mal fixirt. [Analoges Verhältniß zum Gerichtsvollzieher §§ 754, 755.]

---

24. Die Württembergische Volksbank, welche dem B. einen Credit von 1000 Mk. unter Bürgschaft des Dr. N. bewilligt hatte, beabsichtigt gleichzeitig in Einer Klage den Hauptschuldner und den Bürgen in Anspruch zu nehmen. Da aber beide in den Bezirken verschiedener Landgerichte ihren Wohnsitz haben, so überreicht sie die Klage dem Oberlandesgericht mit dem Antrage, einen gemeinschaftlichen Gerichtsstand bestellen zu wollen.

Ist dieser Antrag begründet?

---

25. B. und N. hatten von A. ein Grundstück gekauft und ohne solidarische Verpflichtung in Anrechnung auf das Kaufgeld die auf dem gekauften Grundstücke ruhenden Hypotheken übernommen. — Verkäufer A. hat Klage auf Befreiung von der Schuldverpflichtung für diese Hypotheken gegen die beiden Käufer erhoben, und da im Verhandlungstermin nur B. nicht aber N. erschien, gegen Letzteren Versäumnißurtheil beantragt. Nachdem dies auf Grund § 62 C.P.O. abgelehnt, erhob Kläger Beschwerde, in Folge deren das Landgericht vom Oberlandesgericht angewiesen wurde,

das beantragte Versäumnißurtheil gegen N. zu erlassen, falls kein sonstiges Hinderniß entgegenstehe.

Gegen den Beschluß hat B. seinerseits Beschwerde erhoben. Es fragt sich, ob dieselbe zulässig ist.

---

26. A. hat gegen die Erben (Wittwe und Geschwister) seines verstorbenen Schuldners B., welche sich im gemeinschaftlichen Besitze des ungetheilten Nachlasses befinden, geklagt auf Zahlung der schuldigen Summen aus diesem Nachlasse.

Nachdem die Klage abgewiesen worden, hat die Wittwe allein dem Kläger am 3. Juli das Urtheil zustellen lassen.

Kläger hat am 20. August Berufung eingelegt, indem er gleichzeitig das Urtheil allen drei Beklagten zustellen ließ.

In der Berufungsinstanz ist Seitens der Beklagten beantragt: die Berufung allen drei Beklagten gegenüber als verspätet zurückzuweisen.

Ist dieser Antrag gerechtfertigt?

---

27. A. forderte von B. Herausgabe von Namensactien der Actienziegelei zu X. und Einwilligung in deren Umschreibung auf Klägers Namen im Actienbuche der Gesellschaft.

B. widersprach dem Antrage, weil laut Statut bei Veräußerung von Actien an Nichtactionäre den Actionären ein Vorkaufsrecht zustehe, was bei der Veräußerung an A. unbeachtet geblieben sei. Es erfolgte indessen Verurtheilung.

In der Berufungsinstanz ist die Direction der Actiengesellschaft dem Beklagten als Nebenintervenientin beigetreten. Beide haben beantragt: Unter Aufhebung des ersten Urtheils die Klage abzuweisen.

Zur Begründung führt die Nebenintervenientin an, die Gesellschaft als solche sei ebenso wie der Beklagte dabei interessirt, daß die unter Umgehung statutarischer Vorschriften erfolgte Umschreibung der Actien auf Kläger als rechtlich unwirksam anerkannt werde.

Kläger bestreitet die Zulässigkeit der Nebenintervention wegen Mangels eines rechtlichen Interesses unter Bezugnahme auf § 223 des Handelsgesetzbuchs.

---

28. K. klagte auf Erstattung gezahlter Stempelbeträge gegen den Preußischen Fiskus, vertreten durch die Gerichtskassenverwaltung in Gr. Diese beantragte Abweisung, zunächst, weil nicht sie, sondern der Königl. Provinzial=Steuerdirector zu St. als Vertreter des Fiskus zu verklagen sei, event. auch aus sachlichen Gründen. — Sie hat dem Provinzial-Steuerdirector den Streit verkündigt. Dieser hat erklärt, ihr beistehn zu wollen, und dieselben Anträge gestellt.

Das Landgericht zu Gr. nahm an, die Klage sei mit Recht gegen die Gerichtskassenverwaltung angestellt, und verurtheilte den verklagten Fiskus.

Nur der Provinzial=Steuerdirector legte Berufung ein. K. bestritt, daß er dazu berechtigt sei.

---

29. Die von A. gegen B. eingeklagte Forderung ist nach Klageerhebung einem Gläubiger des A. im Wege der Zwangsvollstreckung zur Einziehung überwiesen worden. Auf Grund des Pfändungs- und Ueberweisungsbeschlusses ist der Gläubiger dem Kläger A. als Nebenintervenient beigetreten.

In dem Verhandlungstermin war Kläger nicht erschienen. Der Nebenintervenient zeigte an, daß nach Mittheilung des Klägers dieser den Prozeß nunmehr seinerseits nicht weiter verfolgen wolle. — Er beantragte den Beklagten zu verurtheilen event. Beweis zu erheben.

Beklagter dagegen beantragte, den nichterschienenen Kläger kostenpflichtig abzuweisen. Diesem Antrage entsprechend ist Versäumnißurtheil ergangen und zu dessen Begründung bemerkt, die vom Nebenintervenienten gestellten Anträge seien nicht zu beachten gewesen, denn unstreitig wolle Kläger den Prozeß nicht weiter verfolgen. Mit dieser Handlung der Hauptpartei dürfe sich der Nebenintervenient nicht in Widerspruch setzen.

Der Nebenintervenient hat gegen das Versäumnißurtheil Einspruch eingelegt, während der Kläger selbst seit Erlaß dieses Urtheils keine Prozeßhandlung vorgenommen, keine Erklärung abgegeben hat.

Der Einspruch ist auf Grund § 67 C.P.O. als unzulässig verworfen.

Es fragt sich, ob mit Recht?

---

30. Der Prozeßbevollmächtigte des Beklagten, Rechtsanwalt P., hat das die Klage abweisende Urtheil des Landgerichts, nachdem der Anwalt der Klägerin ihm angezeigt, daß er derselben das Mandat gekündigt habe, der Klägerin persönlich zustellen lassen. Sodann ist über das Vermögen des Beklagten Konkurs ausgebrochen und Rechtsanwalt P. zum Konkurscurator bestellt. Er ließ das Urtheil der Klägerin etwa sechs Monate nach der ersten Zustellung nochmals zustellen. Drei Wochen darauf ist ihm Berufungsschrift der Klägerin zugestellt. Er hat beantragt, die Berufung als verspätet zu verwerfen, welchem Antrage stattgegeben ist. — Nunmehr hat Klägerin die Revision eingelegt, und es fragt sich, wie zu entscheiden sei.

---

31. Der bei einem von B. unternommenen Bau beschäftigte Arbeiter A. war herabgestürzt, hatte Verletzungen erlitten und beanspruchte Schadenersatz. Die Verantwortlichkeit des Beklagten begründet die Klage damit, daß derselbe eine unerfahrene Person zum Aufseher bestellt und daß dieser Aufseher den Kläger schuldhafterweise auf einen gefährlichen Platz gestellt habe.

B. beantragt Abweisung mit der Behauptung, Kläger sei herabgestürzt, weil er betrunken gewesen, was von dem im ersten Verhandlungstermine persönlich erschienenen Kläger bestritten wurde. — Bei der Beweisaufnahme bestätigen aber mehrere Zeugen die Trunkenheit des Klägers. Nunmehr erklärte der klägerische Anwalt in Abwesenheit des Klägers, das Verschulden des Aufsehers habe gerade darin bestanden, daß derselbe den Kläger trotz dessen von ihm wahrgenommener Trunkenheit an einen so gefährlichen Platz beordert habe. Beklagter protestirt gegen diese Behauptung als unvereinbar mit der vom Kläger in Person abgegebenen Erklärung. — Ist er im Rechte?

Kapitel V.

Klage, Einlassung und mündliche Verhandlung.

Vorbemerkung. Da die Partei der Prozeßordnung unterworfen (§ 3 E.G. z. C.P.O.) anders als verhandelnd nicht angreifen bezw.

sich nicht vertheidigen darf, so ist das Angriffs- bezw. das Vertheidigungsrecht zugleich Einlassungszwang. Sich nicht erklären bezw. nicht verhandeln, heißt insoweit auf Angriff bezw. auf Vertheidigung verzichten. §§ 139, 231, 330 f. Andrerseits unterliegen die erhobenen Ansprüche richterlicher Prüfung §§ 288 ff., 331. Aber Verzicht und Anerkenntniß schließen als Dispositionsakte der Partei jede Sachprüfung aus §§ 306, 307.

A. Klage wird in der Regel durch Zustellung der mit Ladung und Terminsvermerk versehenen Klageschrift erhoben § 253, § 499, ausnahmsweise durch Geltendmachung des Anspruchs in der mündlichen Verhandlung §§ 281, 500, 510. — Wirkungen der Klageerhebung §§ 263—267.

B. Klageänderungen sind hinsichtlich der Anführungen und Anträge statthaft, vorausgesetzt, daß nicht der Grund der Klage geändert wird. §§ 264, 268 (269), 527. [Durch Abweisung wegen Klageänderung wird die Sachprüfung hinsichtlich des dem ursprünglichen substituirten neuen Klagegrundes als unstatthaft abgelehnt.]

C. Prozeßhindernde Einreden §§ 274—276. Das für dieselben angeordnete Verfahren ist auf andere Prozeßeinreden (§§ 43, 76, 239 ff., 269, 295 C.P.O.; § 106 G.V.G.) nicht analog anwendbar und im Wesentlichen beschränkt auf das ordentliche Verfahren erster Instanz des Anwalt-Prozesses. Vgl. §§ 504, 528, 566, 594.

D. Unterbrechung und Aussetzung des Verfahrens [B. I, Abschn. 3, Tit. 5]. Beide in ihren Wirkungen gleich § 249, den Gründen nach verschieden. — Uebrigens kann Aussetzung auch von Amtswegen angeordnet werden, nicht nur in § 247, sondern auch aus sachlichen Gründen §§ 148, 149, 337.

---

32. A. hat gegen B. Klage erhoben auf unentgeltliche Herausgabe eines Wechsels über 500 Mk. B. setzt derselben den Einwand der Rechtshängigkeit aus dem Grunde entgegen, weil er selbst acht Tage vor Zustellung dieser Klage seinerseits dem A. als Beklagten Wechselklage auf Bezahlung desselben Wechsels über 500 Mk. habe zustellen lassen. In diesem Prozesse wegen Wechselzahlung habe A. sogar die der jetzigen Klage auf Herausgabe des Wechsels zu Grunde ge-

legten Thatsachen als Einwand geltend gemacht, der Einwand sei aber verworfen.

A. hält den Einwand der Rechtshängigkeit für unbegründet, denn der Gegenstand beider Prozesse sei nicht derselbe. Wollte man das Gegentheil annehmen, so würde jeder Wechselschuldner in der Lage sein, dem Zahlungsanspruche dadurch zu begegnen, daß er zuerst seinerseits gegen den Wechselgläubiger auf Herausgabe der Wechsel klagt.

---

33. Die Klage war gegen den minderjährigen Sohn des verstorbenen Schuldners gerichtet in der Meinung, daß er alleiniger Erbe sei. In der mündlichen Verhandlung vor der Civilkammer des Landgerichts erschien aber außer dem Vertreter des Sohnes, auch die Wittwe und erklärte: sie sei neben dem Sohne Erbin ihres Mannes geworden und wolle die Klage als auch gegen sich gerichtet gelten lassen.

Der Prozeßvertreter des Klägers hat den Antrag aus der Klage verlesen. Demnächst sind der Sohn und die Wittwe verurtheilt, haben aber Berufung eingelegt.

Es fragt sich, ob das Verfahren in Ordnung und wie zu entscheiden ist.

---

34. B. hat von A. zwei Gebinde Cognac gekauft, die Annahme der ihm zugesandten zwei Gebinde aber verweigert. A. hat dieselben am Hamburger Quai auf Lager gegeben und gegen B. mit dem Antrage geklagt: denselben zur Abnahme und Abholung der Fässer vom Quai zu verurtheilen.

In erster Instanz ist nach diesem Antrage erkannt. Nachdem aber B. Berufung eingelegt, hat A. beantragt, die Berufung zu verwerfen und den B. zur Bezahlung des Kaufpreises zu verurtheilen, da das verabredete sechsmonatliche Ziel inzwischen abgelaufen sei.

---

35. A. vindicirt ein Grundstück mit der Behauptung, dasselbe sei ihm bei der Separation der Feldmark des Ortes E. durch den obrigkeitlich bestätigten Receß als Abfindungsplan ausgewiesen. — Der Beklagte B. stellt seinerseits unter Beweis, daß er dasselbe Grundstück von C. gekauft habe.

Nunmehr berichtigt A. seinen Klagevortrag dahin, daß die Separation, in welcher er das streitige Grundstück erworben, nicht die der Feldmark E., sondern diejenige der Feldmark M. gewesen sei. In Folge dessen beantragt Beklagter Abweisung wegen unzulässiger Klageänderung, worauf Kläger erwidert, es handle sich nur um eine falsa demonstratio, deren Berichtigung für den Beklagten, falls er das Grundstück wirklich in der von ihm behaupteten Weise erworben habe, ohne Nachtheil sei. Uebrigens habe er selbst gar nicht nöthig gehabt expressa causa zu klagen.

---

36. Kläger hat beantragt, dem Beklagten die Veröffentlichung des ihm ertheilten Ehrenzeugnisses der Berliner Gewerbeausstellung zu untersagen. Der Anspruch ist hergeleitet aus dem Gesetze vom 12. Mai 1894 zum Schutze der Waarenbezeichnungen.

Im Laufe der mündlichen Verhandlung hat Kläger ausgeführt, die Handlungsweise des Beklagten enthalte auch einen unlauteren Wettbewerb. Demnächst ist die Klage abgewiesen mit der Begründung: eine Verletzung des Rechts des Klägers auf Schutz des für ihn eingetragenen Waarenzeichens liege nicht vor, die Berufung auf unlauteren Wettbewerb aber enthalte eine unzulässige Klageänderung, sie sei aber auch unbegründet, weil der Thatbestand des unlauteren Wettbewerbes nicht vorliege.

Dieses Urtheil ist in der Berufungsinstanz bestätigt. Es fragt sich, ob mit Aussicht auf Erfolg Revision eingelegt werden kann.

---

37. Der von dem Theaterintendanten H. aus dem Engagementsvertrage auf Zahlung einer Conventionalstrafe von 5000 Mk. belangte Opernsänger N. hat gegen das Urtheil des Landgerichts Berufung eingelegt und den Einwand erhoben, daß gerichtliche Klage überhaupt unzulässig sei, weil nach dem Engagementsvertrage „alle Rechtsfragen, welche aus dem Contractverhältnisse entspringen, der Entscheidung des in § 99 der Satzungen des deutschen Bühnenvereins bezeichneten Schiedsgerichts vorbehalten worden sind“.

Kläger bittet, die Berufung zurückzuweisen. Er hält die vom Beklagten erst jetzt in der Berufungsinstanz erhobene prozeßhindernde Einrede für verspätet, wogegen der Beklagte bemerkt, er habe diese Einrede nicht als prozeßhindernde, sondern als vertragsmäßige erhoben.

---

38. Die unter den Parteien bestandene offene Handelsgesellschaft ist durch einen Vertrag aufgehoben, laut dessen Beklagter das Geschäft mit Aktiven und Passiven und mit dem Recht der Fortführung der Firma übernommen hat, gegen eine baare dem Kläger zu zahlende Abfindung.

Letzterer hat jetzt Klage erhoben aus dem Aufhebungsvertrage auf Befreiung seines Wohnhauses von einer Sicherungshypothek, welche er seiner Zeit für die Geschäftsschulden bestellt hatte.

Beklagter macht dagegen widerklagend Ansprüche geltend aus dem Gesellschaftsverhältnisse. Er behauptet nämlich, Kläger habe früher als Gesellschafter durch unrichtige Gutschriften auf der Kreditseite seines persönlichen Gesellschaftskontos den wahren Betrag seiner Schuld fälschlich verdeckt, dergestalt, daß sich sein Debetsaldo um 2500 Mk. höher herausstelle. Hinsichtlich dieses Debetsaldo aber sei Beklagter jetzt alleiniger Gläubiger.

Es fragt sich, ob die Widerlage zulässig ist.

---

39. Nach Schluß der mündlichen Verhandlung kam im Berathungszimmer zur Sprache, daß eine erhebliche in der Klageschrift enthaltene Thatsache heute nicht vorgetragen worden sei. Es ist daher beschlossen und verkündet: Die mündliche Verhandlung wieder zu eröffnen. Demnächst ist aber ohne weitere Verhandlung erkannt worden.

Im Urtheil ist in dieser Beziehung gesagt: der Gerichtshof habe für erforderlich erachtet, durch Befragung der Partei festzustellen, ob die in der Klage enthaltene Behauptung, — Ertheilung einer von der Beklagten geforderten Auskunft, — aufrecht erhalten werde und der mündliche Vortrag nur aus Versehen unterblieben sei. Die Befragung habe aber nicht stattfinden können, weil der Anwalt des Klägers sich inzwischen entfernt hatte; es sei daher ohne Berücksichtigung jener Thatsachen erkannt worden.

Wie hätte verfahren werden sollen?

---

40. In dem anhängigen Prozesse hat Augenscheinseinnahme stattgefunden. Bei Gelegenheit derselben haben sich die Parteien über den Streitgegenstand vor dem beauftragten Richter verglichen. Demnächst ist auf Antrag des Klägers Termin zur Fortsetzung der mündlichen Verhandlung anberaumt, in welchem beide Parteien zur Sache verhandelten mit dem Bemerken, daß der Beklagte von dem Vergleiche zurückgetreten sei.

Der Gerichtshof hat darauf beschlossen und verkündet, daß da der Rücktritt unzulässig, jede weitere Verhandlung in der Sache abgelehnt werde. — Darüber hat sich Kläger beschwert. Es fragt sich, ist die Beschwerde zulässig und ist sie begründet?

---

41. Der Beklagte hat Klage erhoben auf Vernichtung des Patents Nr. 11 627, wegen dessen Verletzung ihn der Kläger in Anspruch genommen hat. In diesem letzteren Prozesse hat er schon vor der mündlichen Verhandlung beantragt:

Das Verfahren auszusetzen bis zur Erledigung der Nichtigkeitsklage.

Der Antrag ist zurückgewiesen, weil die Aussetzung ohne mündliche Verhandlnng nicht zulässig sei. Beklagter hat gegen diesen Beschluß sofortige Beschwerde eingelegt.

Es fragt sich, ob dieselbe zulässig und ob sie begründet ist.

Kapitel VI.

Beweisverfahren.

Vorbemerkung. Die Beweisaufnahmen erfolgen in der Regel vor dem Prozeßgericht; Ausnahmen bedürfen besonderer Rechtfertigung. §§ 355 ff., 361 ff., 375, 402, 434, 479. — Dabei muß das für die Beweiserhebung vorgeschriebene Verfahren innegehalten, und es müssen die Regeln beobachtet werden, welche hinsichtlich der Zulässigkeit einer Beweisaufnahme überhaupt bez. der einzelnen Beweismittel, sowie hinsichtlich der formellen Beweiskraft aufgestellt sind. Darüber dagegen, ob und inwieweit es des angetretenen Beweises bedarf und welches Resultat der erhobene Beweis ergeben hat, entscheidet freies

Ermessen §§ 286, 287, dessen Nichtanwendung [gleich der des Fragerechts §§ 139, 503] das Gesetz verletzt § 549.

A. Zeugen und Sachverständige [B. II, Abschn. 1, Tit. 7 u. 8] müssen beeidigt werden, wenn nicht ein Fall vorliegt, in dem sie unbeeidigt zu vernehmen sind §§ 391 ff. Grenzen des Zeugnißzwanges §§ 380 f., 383 ff., 407 ff.

B. Urkundenbeweis [B. II, Abschn. 1, Tit. 9]. Gewisse Urkunden machen vollen Beweis für die Richtigkeit ihres Inhalts, andere dafür, daß die in ihnen enthaltenen Erklärungen vom Aussteller wirklich abgegeben sind §§ 415 ff. Vermuthung event. Nachweis der Echtheit §§ 437 ff.

C. Eidesbeweis [B. II, Abschn. 1, Tit. 10 u. 11]. Hauptgrundsätze §§ 463, 464. Bestimmungen über Zulässigkeit der Zuschiebung und Zurückschiebung §§ 445 ff., § 472, über deren Widerruf §§ 470 ff. — Regelform für die Anordnung der Eidesleistung ist das bedingte Endurtheil §§ 460 f. (§§ 475 ff.) — Nachholung des versäumten Eides §§ 466—468.

Als Beweisregeln zu beachten sind namentlich auch §§ 164, 167, 314, sowie die Vorschriften, nach welchen die Beweisführung entweder durch formelle Wahrheit ausgeschlossen §§ 288 ff., 331, 351, 427, oder durch gesetzliche Vermuthungen § 16 Nr. 1 E.G. z. C.P.O. ersetzt wird.

---

42. Gegen die Klage des Architekten A. auf Zahlung von 2000 Mark als angemessenen Preis für dem B. auf dessen Bestellung gelieferte architectonische Arbeiten, hat Beklagter eingewendet, es sei der geringere Preis von 1500 Mk. vereinbart worden. — Kläger entgegnet, diese Vereinbarung sei allerdings getroffen, aber nur für den Fall, daß dem Kläger auch gewisse andere architectonische Arbeiten übertragen würden. Dieser Fall sei aber nicht eingetreten. Letzteres ist unstreitig.

Parteien haben sich zum Beweise ihrer Behauptungen gegenseitig der Eidesdelation bedient.

Wen trifft die Beweislast? Wie ist der betreffende Eid zu normiren?

---

43. Oberamtmann B. wegen Bezahlung einer ihm vom Kaufmann A. nach D. gelieferten landwirthschaftlichen Ma-

schine in Anspruch genommen, hat eingewendet, die Maschine sei für ihn nicht brauchbar und es sei bei der Bestellung vereinbart, daß Kläger sie zurückzunehmen habe, falls sie auf dem bergigen Terrain der Domäne D. nicht gehe.

Parteien streiten darüber, ob die Bedingung als Suspensiv- oder als Resolutivbedingung gemeint und wie demgemäß die Beweislast zu vertheilen sei.

---

44. Nachdem die mündliche Verhandlung in der Berufungsinstanz geschlossen und Termin zur Urtheilspublikation verkündet worden, hat der Beklagte neue Zeugen über einen erheblichen Punkt entdeckt, deren Vernehmung er unter allen Umständen noch herbeiführen möchte. Er fragt an, ob und in welcher Weise sich dies erreichen läßt.

---

45. Klägerin behauptet, Beklagter habe durch sein Verschulden den theilweisen Einsturz eines ihr gehörigen Gebäudes herbeigeführt, und hat mit der Klage auf Feststellung der Entschädigungspflicht eine Erklärung von Sachverständigen über den Befund und das Verschulden des Beklagten zustellen lassen, auch die Aussteller als Sachverständige benannt.

Der erste Richter hat auf Grund dieser Erklärung den Beweis für geführt angesehen und den Beklagten verurtheilt. — Letzterer hat Berufung eingelegt. Wie ist zu verfahren?

---

46. A. war auf Anzeige seiner Ehefrau wegen eines entehrenden Verbrechens [§ 176 Str.G.B.] verhaftet und zur Untersuchung gezogen worden. Als nicht genügend verdächtig außer Verfolgung gesetzt, hat er Ehescheidungsklage wegen wissentlich falscher Anschuldigung erhoben, ist aber ohne Beweisaufnahme abgewiesen: „nachdem“ — wie der Thatbestand des Urtheils sagt — „die von beiden Theilen als Beweismittel in Bezug genommenen Untersuchungsakten vorgelegt, auch von beiden Theilen anerkannt worden.“

Die Abweisung ist dahin gerechtfertigt, daß zwar beide Parteien sich auf Zeugniß der schon in den Untersuchungsakten uneidlich vernommenen Zeugen berufen hätten, indessen nach Einsicht des Akteninhalts mit Sicherheit vorherzusehen sei, daß eine nochmalige Vernehmung der Zeugen nichts

Nennenwerthes zu Gunsten des Klägers ergeben werde. Andererseits könne auch der Verklagten ein Reinigungseid unmöglich anvertraut werden.

Kläger wünscht zu wissen, ob er diese Entscheidung mit Aussicht auf Erfolg anfechten könne.

---

47. Der vom Kläger benannte Zeuge X. hatte in dem zu seiner Vernehmung anberaumten Termin vor dem Landgericht zu H. erklärt, er verweigere sein Zeugniß, weil was er wisse, ihm in seiner Eigenschaft als Anwalt mitgetheilt worden.

Kläger beantragte, die Weigerung für unrechtmäßig, Beklagter beantragte, sie für rechtmäßig zu erklären. Das Landgericht hat durch Zwischenurtheil im ersten Sinne entschieden. Beklagter hat sofortige Beschwerde gegen diese Entscheidung erhoben.

War dies zulässig?

---

48. Die zu Lübeck wohnhaften Beklagten haben in der Berufungsinstanz die Vorlegung der Handlungsbücher des in Riga wohnhaften Klägers verlangt, um dadurch eine von ihnen behauptete Zahlung nachzuweisen. Nachdem Kläger statt der Bücher notariell beglaubigte Auszüge aus denselben vorgelegt hatte, beantragten Beklagte wiederholt, die Vorlegung der Bücher selbst anzuordnen. Es ist aber unter Zurückweisung dieses Antrages auf einen Eid für den Kläger erkannt. Dagegen haben die Beklagten Revision eingelegt wegen Verletzung des § 422 C.P.O., § 45 H.G.B.

---

49. Die Beklagte stellte gegen den Klageanspruch eine ihr von Frau S. abgetretene Forderung zur Aufrechnung, worauf Kläger der Beklagten den Eid darüber zuschob, daß er der S. zu Händen ihres Ehemannes Zahlung geleistet habe. Beklagte erklärt dies für unzulässig.

Es fragt sich, ob mit Recht?

---

50. Kläger beansprucht Ersatz der Beschädigung seines Bierkellers, welcher hervorgerufen sei durch das Einbringen von Schmutzwasser aus dem angrenzenden höher gelegenen

Keller des Beklagten. Die Augenscheinseinnahme auf dem Grundstücke des Klägers ergab kein genügendes Resultat.

Nachdem aus diesem Grunde die Klage abgewiesen worden, hat Kläger in der Berufungsinstanz behauptet, es bestehe in der Tiefe zwischen seinem Keller und dem Senkloche des Beklagten eine Verbindung, die das Wasser von hier bis zum Keller des Klägers durchlasse. Er beantragt, auf dem Grundstücke des Beklagten Augenschein sowie eine Wasserprobe und diejenigen Nachgrabungen und Bohrungen vorzunehmen, welche die zuzuziehenden Sachverständigen für erforderlich erachten würden.

Nachdem Beklagter gegen diese Beweisanträge Widerspruch erhoben hatte, sind dieselben abgelehnt worden.

Es fragt sich, ob mit Recht?

---

51. G. verkaufte und übergab im Jahre 1862 seine Immobilien an B., wanderte nach Amerika aus und wurde im Jahre 1879 für todt erklärt. Nunmehr erhob Frau A. als Schwester und angebliche einzige Intestaterbin des G. gegen B. Klage auf Anerkennung ihres Eigenthums an jenen Immobilien und deren Herausgabe, da ein rechtsgültiger Eigenthumsübergang nicht vorliege. Beklagter hielt die Klägerin für nicht legitimirt zur Klageanstellung, da dem G. im Jahre 1845 ein ehelicher Sohn geboren sei. Die Klägerin ihrerseits erklärt diesen Umstand für unerheblich, da Beklagter nicht einmal behaupte, daß dieser Sohn noch lebe. Event. schiebt sie unter Protest gegen die Beweislast dem Beklagten den Eid darüber zu, daß der Sohn des G. längst vor des letztern Todeserklärung verstorben sei. — Wie ist zu entscheiden?

---

52. Die Handlung H. & Co. hat gegen die aus vier Mitgliedern bestehende offene Handelsgesellschaft B. & Co. geklagt. Durch bedingtes Endurtheil ist auf einen von dem oder den Inhabern der Firma B. & Co. zu leistenden Eid erkannt worden. Dieser Eid ist nach inzwischen erfolgtem Ausscheiden des Mitinhabers O. aus der Gesellschaft von den verbliebenen drei Inhabern abgeleistet und demnächst auf Abweisung der Klage erkannt.

Kläger fragt, ob nicht der Eid auch von O. hätte abgeleistet werden müssen, weil dieser zur Zeit der Klageerhebung, der Zuschiebung des Eides seitens der Klägerin und der Annahme desselben seitens der Beklagten noch Mitinhaber der beklagten Firma gewesen sei? und ob er demnach nicht Grund zu Beschwerde habe?

---

53. In dem Endurtheil ist die Entscheidung vom einem Eide des Klägers abhängig gemacht. Auf dessen Antrag ist die Eidesnorm durch Beschluß des Prozeßgerichts abgeändert, und zwar unter Bezugnahme auf § 469 C.P.O.

Gegen diesen Beschluß hat Beklagter sofortige Beschwerde eingelegt, welche er nach § 319 C.P.O. und auch deshalb für zulässig hält, weil sein Gesuch, es bei der ursprünglichen Eidesnorm zu belassen, durch obigen Beschluß zurückgewiesen sei. Die Beschwerde wird darauf gegründet, daß die gemachten Aenderungen keineswegs, wie behauptet, materiell und prozessualisch unerheblich seien, mithin der Beschluß die Grenzen des § 469 überschreite.

Es fragt sich, ob die Beschwerde Erfolg haben kann.

Kapitel VII.

Gerichtliche Entscheidungen.

Vorbemerkung. Die Entscheidung ist Urtheil, wenn sie mündliche Verhandlung voraussetzt und nicht blos prozeßleitend ist. — Kann dagegen die Entscheidung auch ohne mündliche Verhandlung erlassen werden oder ist sie nur prozeßleitender Natur, so ist sie Beschluß (wenn vom Gericht erlassen) oder Verfügung (wenn von einem Richter, der nicht Gericht ist). § 160 Nr. 5, §§ 329, 400. [Abweichend § 922.]

Zu jedem Urtheil gehören begriffsmäßig Entscheidungsgründe § 313 Nr. 4, deren Mangel die Prüfung vereitelt, mithin das Gesetz verletzt § 551 Nr. 7.

A. Urtheile über die Hauptsache unter den Parteien ergehn als Endurtheile, die Instanz ganz oder zum Theil definitiv erledigend §§ 300, 301, oder als bloße Zwischenurtheile im Laufe der Instanz § 303. — Solche Zwischenurtheile, welche entweder nur gewisse Vorfragen erledigen §§ 275, 304, oder zwar die Hauptsache, jedoch nur provisorisch mit Vorbehalt weitern Verfahrens und definitiver Entscheidung §§ 302, 540, 599, „sind als Endurtheile anzusehn", und zwar erstere nur in Betreff der Rechtsmittel, letztere auch in Betreff der Zwangsvollstreckung. — Im Falle der Totalversäumung einer Partei durch Nichtverhandeln [im Gegensatz zu § 334, §§ 230 ff.] ergeht Versäumnißurtheil, welches, obgleich Endurtheil (§§ 322, 705), doch durch Rechtsmittel [B. III] nicht anfechtbar ist. Dagegen wird durch rechtzeitigen Einspruch der Prozeß in die vorige Lage zurückversetzt §§ 342, 345, 513.

B. Urtheile über einen Zwischenstreit mit einer dritten Person betreffen Zulassung eines Nebenintervenienten § 71, Auferlegung von Kosten § 102, Herausgabe von Urkunden § 135, Zeugnißweigerung § 387. — Gegen solche Zwischenurtheile findet nur sofortige Beschwerde statt § 577.

Endurtheile, welche die Sachentscheidung ablehnend die Instanz nur formell erledigen §§ 275 f., 538, 565, sind eben deshalb nur formeller § 705, nicht aber materieller § 322 Rechtskraft fähig.

---

54. In einem Rechtsstreite wegen Zahlung von 1500 Mk. hat das Oberlandesgericht auf Berufung des Klägers bedingtes Endurtheil erlassen und alsbald das zuständige Amtsgericht um Abnahme des Eides ersucht.

Die Beklagten haben beantragt, diese Anordnung zurückzunehmen, weil das Berufungsurtheil die Rechtskraft noch nicht erlangt habe. Demnächst haben sie sich wegen Zurückweisung dieses Antrages mit einer Beschwerde an das Reichsgericht gewandt.

Ist diese Beschwerde begründet?

---

55. A. hat das Testament des X. als nichtig angefochten, weil der Testator dasselbe nicht selbst geschrieben habe, auch zur Zeit der Errichtung nicht dispositionsfähig gewesen sei; ferner die Erbeinsetzung des Mitbeklagten C. als nichtig, weil dieser das Testament geschrieben habe. — In zweiter Instanz ist dahin erkannt: „Soweit die Klage

sich stützt auf den Mangel der Dispositionsfähigkeit, soll der (näher angegebene) Beweis erhoben werden. Soweit dagegen die Klage sich darauf stützt, daß nicht der Testator, sondern der Miterbe C. das Testament geschrieben habe, wird sie als unbegründet abgewiesen."

A. hat Revision eingelegt. Es fragt sich, ob sie begründet ist.

---

56. Der Kaufmann S., welcher vom Kaufmann B. eine Quantität Roggen geliefert erhalten, aber als nicht probemäßig zur Verfügung gestellt hatte, verklagte den B. auf Erstattung von Frachtauslagen und Besichtigungskosten. Die Klage wurde abgewiesen, weil das Gericht den Handelsabschluß nach Probe nicht als erwiesen, die behauptete Mängelanzeige aber für verspätet erachtete. Dies geschah im Jahre 1878.

Nunmehr erhob B. nach dem 1. October 1879 Klage gegen S. auf Zahlung des Kaufpreises für die Roggenlieferung. S. erhob den Einwand, die Lieferung sei nicht probemäßig gewesen, unter Wiederholung derselben Anführungen wie im Vorprozesse. B. erhob die replicatio rei judicatae.

Ist sie begründet?

---

57. Während einer Vorstellung im Cirkus R. hat sich A. auf einer Tribüne als Zuschauer befunden und durch Zusammenbruch der Tribüne einen Beinbruch erlitten.

Seinen Anspruch auf Zahlung von 500 Mk. Schadenersatz stützt er u. A. darauf, daß Beklagter ihm durch seinen Geschäftsführer Schadloshaltung versprochen habe. Beklagter entgegnete, solches Versprechen sei weder gegeben noch angenommen worden.

Das Landgericht hat zunächst nur über den Grund des Anspruchs verhandeln lassen, und nach Vernehmung von Zeugen über das streitige Versprechen unter ausdrücklicher Bezugnahme auf § 304 C.P.O. für Recht erkannt: „Es ist erwiesen, daß der Beklagte dem Kläger Schadloshaltung für die in der Klage bezeichnete Verletzung hat versprechen lassen."

Beklagter hat gegen diese Entscheidung Berufung eingelegt. Es fragt sich, ist sie zulässig? und ist sie begründet?

58. Der Deutsche Militärfiskus, vertreten durch den Festungsgouverneur zu M., von dem ebenfalls zu M. wohnhaften K. auf Schadenersatz belangt, weil zwei dem Letzteren gehörige Grundstücke beim Bau eines Forts benutzt worden waren, hat seine Passivlegitimation bestritten, weil die Klage gegen die Unternehmer des Baues hätte gerichtet werden müssen.

Das Landgericht M. hat dahin erkannt, daß die Einrede der mangelnden Passivlegitimation unter Vorbehalt der Entscheidung über die Kosten zu verwerfen; wobei in den Urtheilsgründen auch die Frage der Zulässigkeit des Rechtsweges erörtert und bejaht wurde.

Gegen diese Entscheidung legte Beklagter Berufung ein und erhob nunmehr seinerseits die Einrede der Unzulässigkeit des Rechtsweges. — Es fragt sich, ob die Entscheidung ein Zwischenurtheil und ob sie als solches mit der Berufung anfechtbar ist.

59. In einem im Bezirke des Oberlandesgerichts H. schwebenden Prozesse hat der beiderseits als Zeuge laudirte C. vor dem ersuchten Richter auf Grund § 384 ² C.P.O. sein Zeugniß verweigert.

Hierauf ist Verhandlungstermin angesetzt, zu welchem die Parteien, nicht aber der Zeuge geladen wurden und in welchem Kläger nochmals die Vernehmung des C. verlangte, da dessen Zeugnißverweigerung ungerechtfertigt sei.

Darauf erging Endurtheil in der Hauptsache, in welchem zugleich die Weigerung des Zeugen für gerechtfertigt erklärt wurde. Auch das Berufungsgericht hat sofort bestätigendes Endurtheil erlassen, worauf Kläger wegen Verletzung des § 384 ² C.P.O. Revision eingelegt hat. Ist sie begründet?

60. Der vom Kläger gegen den nicht erschienenen Beklagten und Berufungskläger gestellte Antrag auf Erlaß des Versäumnißurtheils ist abgelehnt, weil Kläger die Zustellung des Urtheils erster Instanz an den Beklagten nicht nachweisen konnte.

Kläger hält dies für ungerechtfertigt. Er meint, es sei doch nicht seine, sondern des Berufungsklägers Sache, den Nachweis zu führen, daß die Berufung frist- und formgerecht eingelegt worden sei.

Er fragt, welches Rechtsmittel ihm zustehe und ob dasselbe Erfolg verspricht.

---

61. Im ersten Verhandlungstermin hat Kläger beim Ausbleiben des Beklagten neuen Termin beantragt. Da in dem neu anberaumten Termin der Beklagte wiederum nicht erschien, hat er nunmehr Versäumnißurtheil beantragt. Der Antrag ist aber durch Gerichtsbeschluß zurückgewiesen, weil die Ladung des Beklagten zu dem zweiten in seiner Abwesenheit verkündeten Termin unterblieben sei.

Es fragt sich, ob dieser Beschluß gerechtfertigt ist oder nicht.

Kapitel VIII.

Rechtsmittel und Wiederaufnahme.

Vorbemerkung. „Rechtsmittel" sind im Gegensatze zu den andern Rechtsbehelfen und Anfechtungsmitteln der C.P.O. nur die Berufung, Revision und Beschwerde [B. III], weil nur durch sie eine nicht rechtskräftige Entscheidung vor einem höheren Richter, also mit Devolutiveffect, angefochten wird. Alle drei haben hinsichtlich der Rechtskraft Suspensiveffect § 705; hinsichtlich der Zwangsvollstreckung bildet der Suspensiveffect die (vielfach durchbrochene) Regel für Berufung und Revision, für die Beschwerde dagegen die Ausnahme §§ 708—721 (§§ 534, 560), § 572.

Berufung und Revision unterliegen vielfach denselben Erfordernissen und Grundsätzen; sind aber doch wesentlich verschieden.

A. Berufung ist das Rechtsmittel gegen die in erster Instanz erlassenen Endurtheile § 511, G.V.G. §§ 71, 123 Nr. 1; zulässig wegen des kleinsten Objects — außer in § 99 Abs. 1, 3 — und ohne Unterschied, ob das Urtheil oder das Verfahren erster Instanz an einer Nichtigkeit leidet oder nicht. Neue Thatsachen und Beweismittel können geltend gemacht werden, neue Ansprüche nur beschränkt. §§ 529, 531. Auch bleiben gewisse Erklärungen für die Berufungsinstanz maßgebend §§ 532, 533. Entscheidung in der Sache selbst ist Regel, Zurückverweisung Ausnahme. §§ 537—539.

B. Revision ist das Rechtsmittel gegen die in der Berufungsinstanz von den Oberlandesgerichten erlassenen Endurtheile. § 545 G.V.G. § 135 Nr. 1. Sie gewährt dem Revisionsrichter freie rechtliche Beurtheilung (§§ 554, 559) ohne Beschränkung auf die von der Partei vorgebrachten Revisionsgründe, jedoch unbeschadet der thatsächlichen Feststellung des angefochtenen Urtheils. § 561. — Aber die Zulässigkeit der Revision ist durch §§ 546f. erheblich beschränkt, und von Erfolg ist die zulässige Revision nur, wenn die Entscheidung auf Verletzung revisibler Normen beruht, oder als darauf beruhend anzusehen ist. §§ 549—551, § 563. — Zurückverweisung ist Regel, Entscheidung in der Sache selbst Ausnahme. § 565.

C. Beschwerde. Die Zulässigkeit dieses Rechtsmittels, welches auf neue Thatsachen und Beweise gestützt werden kann § 570, bestimmt sich nach §§ 567, 568, G.V.G. § 71, § 123 Nr. 4, § 135 Nr. 2. — Einer Nothfrist unterliegt nur die gegen der Rechtskraft fähige Entschädigungen gerichtete „sofortige" Beschwerde. § 577.

D. Wiederaufnahme des Verfahrens. Wegen gewisser unheilbarer Nichtigkeiten [Kap. I A., C] findet Nichtigkeitsklage § 579, wegen Wegfalls materieller Grundlagen der Vorentscheidung Restitutionsklage statt §§ 580—582. Die Erhebung erfolgt durch bestimmenden Schriftsatz innerhalb gewisser Fristen. §§ 586ff.

---

62. Nachdem der verurtheilte Beklagte Berufung eingelegt, ist in der mündlichen Verhandlung zweiter Instanz aus dem vorgelesenen Sitzungsprotokolle erster Instanz constatirt, daß dasselbe keinen Vermerk über die Verkündigung des ersten Urtheils enthält. Darauf ist die Berufung als unzulässig verworfen, weil Beklagter auch anderweitig keinen Nachweis dafür, daß die Verkündigung in Wahrheit erfolgt sei, erbracht habe, mithin das Urtheil zu Unrecht ausgefertigt und seine Zustellung wirkungslos sei.

Der Beklagte fragt, ob dies richtig sei? Event. wie er sich vor der nunmehr zu befürchtenden Zwangsvollstreckung schützen könne?

---

63. Die Klage ist in erster Instanz abgewiesen, weil der Anspruch auf die eingeklagte Brandentschädigung nach § 12 der Allgemeinen Policebedingungen präcludirt sei. Das Oberlandesgericht hat auf eingelegte Berufung die Einrede der Präclusion verworfen, das erste Urtheil aufgehoben und die Verhandlung der Sache selbst in die erste Instanz zurückgewiesen, die Kosten beider Instanzen aber der Beklagten zur Last gelegt.

Ist dies in Ordnung?

---

64. Beklagter hat gegen das theils abweisende, theils verurtheilende Berufungsurtheil Revision eingelegt, Kläger sich derselben in einem nach Ablauf der Revisionsfrist zugestellten Schriftsatze bezüglich des abgewiesenen Theils seiner Klageforderung angeschlossen. Im Verhandlungstermin ist der Revisionskläger (Beklagter) nicht erschienen; deshalb ist vom Revisionsbeklagten (Kläger) beantragt, durch Versäumnißurtheil die Revision zurückzuweisen, und auf seine Anschlußrevision das Berufungsurtheil, soweit es den Klageanspruch abwies, aufzuheben.

Es fragt sich, ob dieser Antrag gerechtfertigt ist? Ferner ob die Sache ebenso liegen würde, wenn Beklagter vor Beginn der mündlichen Verhandlung seine Revision gemäß §§ 515, 566 zurückgenommen hätte?

---

65. Die Klage war in erster Instanz auf Löschung einer Grundschuld gerichtet.

Dieser Anfechtungsanspruch ließ sich aber deshalb nicht aufrecht erhalten, weil schon vor Anstellung der Klage Beklagter die Grundschuld an C. abgetreten und diesem den Grundschuldbrief ausgeantwortet hatte. Kläger hat daher in der Berufungsinstanz statt der Löschung nunmehr Zahlung des Betrages der Grundschuld mit 30000 Mk. und Zinsen verlangt.

Beklagter widerspricht dem Antrage, weil diese Klageänderung in der Berufungs-Instanz nicht mehr zulässig sei, denn Kläger habe schon im Laufe der ersten Instanz von der eingetretenen Veränderung Kenntniß erlangt.

Ist der Einwand begründet?

---

66. Drei Personen haben beim Landgericht M. getrennte Klagen angestellt auf Bezahlung von Zinsabschnitten von Schuldverschreibungen derselben Emission gegen die Donau-Dampfschifffahrtsgesellschaft, A. wegen 600 Mk., B. wegen 700 Mk., C. wegen 2500 Mk. Es ist in allen drei Prozessen streitig, ob Beklagte nach Maßgabe des Reichsmünzgesetzes oder nur nach Oesterreichischer Währung in Silber Zahlung zu leisten habe.

Das Landgericht hat die drei Prozesse verbunden. Beklagte, in erster und zweiter Instanz verurtheilt, hat Revision eingelegt. A. und B. halten die Revision ihnen gegenüber für unzulässig wegen Mangels der Revisionssumme.

Ist dies richtig?

---

67. Kläger hatte zum Zwecke der Vornahme einer Zwangsvollstreckung wegen 5 Mk. den Schuldtitel einem Gerichtsvollzieher übergeben. Er hat den Letzteren auf Rückgabe des Schuldtitels verklagt. Der Gerichtsvollzieher, welcher behauptete, die Rückgabe bereits bewirkt zu haben, ist in der Berufungsinstanz klagemäßig verurtheilt, hat aber nunmehr Revision eingelegt.

Es fragt sich, ob dieselbe zulässig ist.

---

68. A. hat gegen den Gerichtsvollzieher B. Entschädigungsklage wegen 1400 Mk. erhoben, weil er in Folge pflichtwidrigen Verhaltens des B. bei Ausführung eines demselben ertheilten Vollstreckungsauftrages — nämlich Belassen der Pfandstücke in dem Gewahrsam des Schuldners, welcher dieselben dann bei Seite geschafft hat, — keine Befriedigung wegen der vollstreckbaren Forderung erlangt habe.

Das Berufungsgericht hat auf Abweisung erkannt; denn wenn auch das gerügte Verhalten des Beklagten ein grobes Versehen involvire, so sei seine Vertretungspflicht immerhin nur die eines Beamten, mithin nach der maßgebenden materiellrechtlichen Vorschrift (§ 839 B.G.B.) nur eine subsidiäre.

Kläger aber habe die möglicherweise zu seiner Befriedigung führenden Mittel nicht erschöpft.

Der Kläger wünscht zu wissen, ob er überhaupt, event. ob er mit Aussicht auf Erfolg Revision einlegen könne.

---

69. Der Gläubiger A. hatte beim zuständigen Amtsgericht den Antrag gestellt, dinglichen Arrest auf dem Schuldner D. gehörige Vermögensstücke anzuordnen. Gegen den abweisenden Beschluß hat er Beschwerde beim Landgericht erhoben, worauf das Amtsgericht von diesem angewiesen wurde, den Arrest anzuordnen.

Ist dagegen Beschwerde seitens des Schuldners D. zulässig?

---

70. Das Amtsgericht hat im Zwangsvollstreckungsverfahren einen dem Antragsteller A. günstigen, nicht verkündeten Beschluß gefaßt, welcher von A. seinem Gegner B. zugestellt wurde. Drei Wochen nach dieser Zustellung hat B. sofortige Beschwerde erhoben, welche von dem Landgerichte zugelassen, von dem Oberlandesgericht dagegen als verspätet verworfen wurde.

Welche Entscheidung ist die richtige?

---

71. Beklagter ist zur Zahlung von 700 Mk. und Zinsen verurtheilt. Nachdem Kläger vollstreckbare Ausfertigung des Urtheils erhalten hatte, hat er beantragt: ihm eine zweite vollstreckbare Ausfertigung zu ertheilen, weil die erste Ausfertigung dem Schuldner, obgleich er noch 100 Mk. verschulde, irrthümlich ausgehändigt worden sei.

Der Vorsitzende der Kammer hat nach Anhörung des Beklagten den Antrag zurückgewiesen. Auf sofortige Beschwerde des Klägers hat das Oberlandesgericht beschlossen, es sei dem Kläger weitere vollstreckbare Anfertigung nach § 733 C.P.O. zu ertheilen.

Dieser letztere Beschluß ist nunmehr vom Beklagten mit der weiteren Beschwerde angefochten.

Es fragt sich, ob dies zulässig ist.

---

72. Die Kaiser-Ferdinand-Nordbahn, welche in Wien domicilirt, hat gegen L. Nichtigkeitsklage angestellt mit dem

Antrage auf Aufhebung eines sie zur Zahlung an L. verurtheilenden Versäumnißurtheils des Landgerichts Fr., welches auf Grund öffentlicher Zustellung ergangen und ebenfalls durch öffentliche Bekanntmachung zugestellt war. Die Nichtigkeitsklage, in welcher auch die Rückzahlung alles Empfangenen beansprucht ist, stützt sich darauf, daß die Beklagte nicht gesetzlich geladen, aus diesem Grunde nicht erschienen, mithin nicht nach Vorschrift der Gesetze vertreten gewesen sei.

Ist Nichtigkeitsklage zutreffend, oder welcher andere Weg ist einzuschlagen?

---

73. B. hat bei dem Landgerichte, welches die von ihm gegen das verurtheilende Erkenntniß des Amtsgerichts eingelegte Berufung verworfen hatte, Restitutionsklage erhoben. In Folge dessen ist unter Aufhebung der Vorerkenntnisse die Klage abgewiesen. Gegen dieses Urtheil des Landgerichts hat nunmehr der Kläger A. (Restitutionsbeklagter) seinerseits Berufung eingelegt.

Ist dieselbe zulässig?

Kapitel IX.

Zwangsvollstreckung.

Vorbemerkung. Die C.P.O. kennt weder Grade der Zwangsvollstreckung noch Beschränkung derselben auf bestimmte Zeit. Vorausgesetzt wird ein rechtskräftiges oder für vorläufig vollstreckbar erklärtes Endurtheil § 704, oder ein anderer vollstreckbarer Titel §§ 699, 722 f., 794, 799, 800; R.K.O. §§ 164, 194, 206, welcher in der Regel in vollstreckbarer Ausfertigung §§ 724 f. vorliegen [event. Klage nach §§ 731, 797. — Ausnahmen §§ 796, 929, 936], auch nebst Unterlagen spätestens bei Beginn der Zwangsvollstreckung zugestellt werden muß. §§ 750 ff. — Beschränkungen der Zwangsvollstreckung §§ 777—786. — Rechtsmittel der Vollstreckungs-Instanz ist die sofortige Beschwerde § 793 (§ 577).

A. Das Vollstreckungsverfahren [B. VIII, Abschn. 2 u. 3] ist verschieden, je nachdem eine Geldforderung oder ein anderer

Anspruch realisirt werden soll, und je nach den Vermögensobjecten, aus denen Befriedigung gesucht wird. §§ 803 ff., §§ 883 ff. Auch die Zuständigkeit ist davon abhängig [Gerichtsvollzieher §§ 753 ff., 831, 883 ff.; Vollstreckungsgericht §§ 828 ff., 835 ff., 846 ff. (766); Prozeßgericht §§ 887 ff., (§§ 767—770, § 791)]. — Pfändungspfandrechte rangiren nach der Zeit § 804. Gewisse Gegenstände sind der Pfändung überhaupt nicht unterworfen §§ 811, 850. — Dem nicht oder nicht vollständig befriedigten Gläubiger bleibt der Schuldner zur Leistung des Offenbarungseides nach § 807, §§ 899 ff. verpflichtet.

B. Intervention und Anfechtung. Nicht nur der Schuldner kann klagend Aufhebung der Zwangsvollstreckung herbeiführen §§ 732, 767, 797, sondern auch ein Dritter durch Geltendmachung eines die Veräußerung hindernden Rechtes an dem Gegenstande § 771, bezw. des Gläubigerrechts auf Anfechtung der Veräußerung und Rückgewähr von Befriedigungsobjecten. R.K.O. § 35, Anfecht.Ges. v. 21. Juli 1879 (17. Mai 1898) § 6. — Der Anspruch auf vorzugsweise Befriedigung dagegen, § 805, richtet sich, ohne Pfändung und Verwerthung zu hindern, nur auf den Erlös.

C. Aufhebung und Aussetzung der Zwangsvollstreckung. Hinterlegung. Dem Bestreben des Gläubigers, vorläufige Vollstreckbarkeit von vornherein § 709 f., event. nachträglich §§ 534, 560, 718 zu erlangen, steht gegenüber das Bestreben des Schuldners, Nichtvollstreckbarkeit § 712 f., event. nachträgliche Aufhebung, Einstellung oder Beschränkung der Zwangsvollstreckung herbeizuführen §§ 775 ff. — Dabei entspricht dem provisorischen Charakter der vorläufigen Vollstreckbarkeit § 717 die Sicherung beider Theile für den Fall späterer Abänderung der vorläufigen vollstreckbaren Entscheidung §§ 719, 707, durch Hinterlegung der vom Gerichte bestimmten Sicherheit seitens des Gläubigers §§ 108, 713 Abs. 1, oder des Streitgegenstandes seitens des Schuldners §§ 713 Abs. 2, 720.

---

74. A. hat gegen seinen in zwei Instanzen zur Zahlung von 1400 Mk. verurtheilten Schuldner B. die Vollstreckungsklausel erlangt. B. hat jedoch Revision eingelegt, und deshalb hat auf seinen Antrag das Landgericht die Vollstreckungsklausel aufgehoben.

Darüber beschwert sich A., weil doch das eingelegte Rechtsmittel wegen mangelnder Revisionssumme von vornherein als unzulässig erscheine.

Wird seine Beschwerde Erfolg haben?

---

75. B. ist verurtheilt worden, dem A. gewisse Grundstücke Zug um Zug gegen Zahlung der vertragsmäßigen Kaufgelderrate hypothekenfrei aufzulassen und dem A. den durch etwaige Verzögerung der Auflassung erwachsenden Schaden zu vergüten.

A. hat Ertheilung der Vollstreckungsklausel beantragt; der Antrag ist jedoch abgewiesen, zunächst vom Gerichtsschreiber auf Anordnung des Vorsitzenden, sodann von der Civilkammer des Landgerichts selbst.

Er wünscht zu wissen, ob die dagegen einzulegende Beschwerde Erfolg verspricht.

---

76. Durch gegen Sicherheitsleistung für vorläufig vollstreckbar erklärtes Urtheil des Oberlandesgerichts war B. zur Zahlung von 2000 Mk. und Zinsen an A. verurtheilt. Er hatte jedoch Revision eingelegt und es war Verhandlungstermin vor dem Reichsgericht anberaumt.

Inzwischen hat A. seine Forderung an C. abgetreten und dieser hat unter Einreichung der notariellen Cession beantragt, das Urtheil für ihn mit Vollstreckungsklausel zu versehen. Der Beklagte hat dem widersprochen.

Es fragt sich, ob die Ertheilung der Vollstreckungsklausel statthaft ist.

---

77. Der Landwirth M. hat sich bei Abtretung seines Grundbesitzes an seinen Sohn das Recht auf freie Beköstigung an dessen Tische vorbehalten, sowie ungehinderten Mitaufenthalt in dessen Wohnstube; für den Fall aber, daß ihm diese Gemeinschaft mit seinem Sohne nicht mehr behagen sollte, einen „Zehrpfennig“ von 9000 Mk.

Ein Gläubiger des M. hat Pfändung und Ueberweisung dieses Beköstigungs- und Wohnungsrechts beantragt. Event. bittet er, ihm wenigstens zur eigenen Geltendmachung zu überweisen das Recht seines Schuldners M., die Auszugsleistungen aufzugeben und an deren Stelle den baaren Zehrpfennig zu verlangen.

Ist dem Antrage stattzugeben?

---

78. C. hat im Wege der Zwangsvollstreckung verschiedene Sachen seines Schuldners D. in dessen Miethswohnung pfänden und demnächst durch den Gerichtsvollzieher verkaufen lassen. V. verlangt als Vermiether der Wohnung vorzugsweise Befriedigung aus dem auf gerichtliche Anordnung hinterlegten Erlöse. — Beklagter C. beantragt dagegen Abweisung, indem er ausführt, das vom Kläger beanspruchte Vorzugsrecht sei erloschen, weil die Sachen durch die Pfändung in den Besitz des Gerichtsvollziehers übergegangen und vom Grundstücke entfernt worden seien.

---

79. Der Gerichtsvollzieher N. hat im Auftrage des Klägers bei dessen Schuldner eine Anzahl beweglicher Sachen gepfändet, dieselben aber hinterher wieder freigegeben als unentbehrlich für den Schuldner und dessen Familie.

Kläger hält dies Verfahren für unzulässig und pflichtwidrig. Er hat deshalb gegen den Gerichtsvollzieher Klage auf Schadenersatz erhoben, in welcher er als Betrag seines Schadens den Taxwerth der gepfändet gewesenen Sachen berechnet.

Streitig ist unter den Parteien, ab diese Sachen zu denjenigen gehören, welche nach § 811 C.P.O. der Pfändung nicht unterworfen sind. Beklagter beantragt aber abgesehen hiervon Abweisung der Klage auch deshalb, weil er nicht pflichtwidrig gehandelt habe, auch dem Kläger kein Schaden entstanden sei; denn die Sachen sein noch jetzt im Besitze des Schuldners, könnten noch immer dort gepfändet werden. Beklagter hafte aber als Beamter nur subsidiär.

Wie ist zu entscheiden?

---

80. I. Beklagter ist verurtheilt, mit der Klägerin einen schriftlichen Kaufcontract über die derselben verkauften Grundstücke abzuschließen, zu vollziehen und den Kaufvertrag zu erfüllen. Da Beklagter den Abschluß und die Vollziehung des Vertrages verweigerte, so hat Klägerin Vollstreckungs-

anträge aus § 888 C.P.O. gestellt. Dieselben sind vom Landgerichte zurückgewiesen, weil hier § 894 zur Anwendung komme.

Ist dies richtig, oder kann mit Erfolg Beschwerde geführt werden?

II. In einem anderen Falle war N. verurtheilt, den F. von der für ihn bei C. & Co. wegen 1000 Mk. übernommenen Bürgschaft zu befreien. Zunächst wurde N. hierzu auf Antrag des F. durch Geldstrafe angehalten und auf solche erkannt. Da dies nicht zum Ziele führte, stellte nunmehr F. den Antrag, ihn zu ermächtigen, seine Befreiung von der Bürgschaft durch Befriedigung des Gläubigers selbst vorzunehmen und den N. zur Vorausbezahlung der hierzu erforderlichen 1000 Mk. an ihn zu verurtheilen.

Es fragt sich, ob diesem Antrag stattzugeben ist.

---

81. Auf Klage des A. ist die Stadtgemeinde R. verurtheilt, sich der Ableitung der aus den städtischen Kanälen abfließenden Wässer in den B.=Bach, soweit dieser durch das Grundstück des Klägers fließt, zu enthalten und solche Anstalten zu treffen, daß diese Kanalwässer nicht mehr zu dem klägerischen Grundstücke gelangen können. Auf Grund dieses Urtheils beantragte A. den Erlaß einer Strafandrohung aus § 890 C.P.O. für jeden Fall der Zuwiderhandlung gegen das in obigem Urtheil enthaltene Verbot. Der Antrag ist jedoch vom Gericht erster Instanz zurückgewiesen, wogegen das Oberlandesgericht auf Beschwerde des Klägers einen Beschluß dahin erlassen hat, daß Beklagte sich der Zuleitung zu enthalten habe bei einer Geldstrafe von 1000 Mk. für jeden Tag, an welchem nach dem Tage der Zustellung des Beschlusses solche Zuleitung stattfinden werde.

Hiergegen hat Beklagte weitere Beschwerde erhoben. Ist dieselbe gerechtfertigt?

---

82. Im Konkurse des Kaufmanns W. zu H. beanspruchte die Handlung M. & Co. abgesonderte Befriedigung aus verschiedenen Waaren auf Grund eines auf dieselben erwirkten Arrestschlages und dadurch erlangten Pfändungspfandrechts. Der Konkursverwalter erklärte, daß er die Verwerthung der gepfändeten Sachen auf Grund § 127

Konk.Ord. selbst betreiben werde, und ließ die Waaren zusammen mit andern zur Konkursmasse gehörigen Sachen öffentlich versteigern.

M. & Co. haben nunmehr Klage erhoben auf Auszahlung des aus dem Verkaufe der gepfändeten Sachen erzielten Reinerlöses mit 700 Mk. Der Beklagte beantragt dagegen Abweisung, weil noch zwei andere Gläubiger auf dieselben Waaren Absonderungsansprüche erhoben hätten, und zwar Ansprüche, welche denjenigen der Kläger vorgehen. Diese beiden Gläubiger sind dem Beklagten als Nebenintervenienten beigetreten.

Wie ist zu entscheiden?

Kapitel X.

Besondere Arten des Verfahrens.

Vorbemerkung. Die C.P.O. kennt weder den unbestimmt summarischen Prozeß des gemeinen Rechts, noch besondere Mandats- und Besitzprozesse. Einen besondern Provocationsprozeß hat sie neben den Feststellungsklagen §§ 256, 280 für entbehrlich erachtet.

Zu erwähnen ist hier das sehr seltene Rechnungsverfahren [B. II, Abschn. 1, Tit. 4], das Mahnverfahren [B. VII], welches entweder ohne mündliche Verhandlung zum Ziele führt, oder sich durch Widerspruch gegen den Zahlungsbefehl bezw. durch Einspruch gegen den Vollstreckungsbefehl §§ 694 f., 700 in ein gewöhnliches Prozeßverfahren verwandelt. Ferner das gegen unbekannte Gegner gerichtete Aufgebotsverfahren [B. IX], aus welchem sich ein Anfechtungsprozeß §§ 957 ff. entwickeln kann.

Besonderer Erörterung bedürfen:

A. Der Urkunden- und Wechselprozeß [B. V]. Die unter Beschränkung der Vertheidigung für den vorläufig liquiden Anspruch herbeigeführte vollstreckbare Entscheidung gilt im Falle des Widerspruchs nur provisorisch [s. oben Kap. VII A.], da das vorbehaltene Verfahren zu ihrer Aufhebung führen kann. § 600. Die Klage muß die Erklärung enthalten, daß im Urkundenprozesse bezw. daß im Wechselprozesse geklagt werde. §§ 593, 604.

B. Ehe-, Kindschafts- und Entmündigungssachen [B. VI]. Diese personenrechtlichen Prozesse sind vermöge des vorwiegenden, durch die Mitwirkung der Staatsanwaltschaft documentirten, öffentlichen Interesses ausgezeichnet durch ein der Parteidisposition im Wesentlichen entzogenes Officialverfahren. §§ 617 ff., 622 ff., 640 ff., 649 ff., 669 ff. — Während aber Ehe- und Kindschaftssachen durch Endurtheil, vorbehaltlich der gewöhnlichen Rechtsmittel (§ 636), entschieden werden, ergeht in Entmündigungssachen Beschluß des Amtsgerichts, gegen welchen dem Entmündigten Anfechtungsklage, dem Gegner nur sofortige Beschwerde zusteht. §§ 645 ff., 663 ff., 678 ff.

C. Arreste und einstweilige Verfügungen [B. VIII, Abschn. 5]. Die Entscheidung kann ohne vorgängige mündliche Verhandlung erfolgen §§ 921, 937; sie erfolgt im Falle mündlicher Verhandlung durch Endurtheil, andernfalls durch Beschluß §§ 922, 936. — Die Wirkung der Pfändungsankündigung als Arrest § 845, sowie die Statthaftigkeit der Vollziehung des Arrestbefehls § 929 (§ 936) sind abhängig von der Einhaltung kurzer Fristen.

D. Das Schiedsrichterliche Verfahren [B. X]. Der hier extra ordinem zugelassene Conventionalprozeß führt zu einem als rechtskräftiges Urtheil geltenden Schiedsspruche, welcher jedoch nach § 1041 der Klage auf Aufhebung unterliegt, andererseits erst vollstreckt werden kann, nachdem die Zulässigkeit durch Vollstreckungsurtheil §§ 722 ff. ausgesprochen ist. § 1042.

---

83. A. hat im Urkundenprozesse gegen B. Zinsen einer Grundschuld eingeklagt, den Grundschuldbrief nebst der ihn legitimirenden Cession auf der Gerichtsschreiberei niedergelegt, aber der dem B. zugestellten beglaubigten Klageabschrift keine Abschrift der Urkunden beigefügt.

B. ist contradictorisch unter Vorbehalt der besondern Ausführung seiner Rechte verurtheilt; er legt Berufung ein, weil die Urkunden nicht zugestellt worden. — Kläger hält diesen Mangel deshalb für unerheblich, weil derselbe nicht in erster Instanz gerügt worden sei; eventuell bittet er, im ordentlichen Verfahren zu verhandeln.

---

84. M. hat gegen seine Ehefrau Klage angestellt auf Rückkehr in seine Wohnung, Herausgabe verschiedener mitgenommener Mobilien und Erstattung einer baaren Geldsumme.

Die Beklagte hält diese Cumulation für unzulässig und wendet gegen den ersten Antrag namentlich ein, Kläger habe bisher eine zu ihrer Aufnahme bestimmte und zur Führung eines gemeinschaftlichen Haushaltes geeignete Wohnung nicht beschafft, sondern er halte sich noch jetzt — während der Dauer des Prozesses — bei Verwandten auf. — Letzteres hält Kläger für unerheblich; es genüge, daß er in der Lage sei, eine Familie zu ernähren, daß er insbesondere die zur Herstellung des ehelichen Lebens erforderlichen Mittel besitze.

---

85. Die von der Ehefrau B. gegen ihren Ehemann gerichtete Klage mit dem Antrage: „die Ehe dem Bande nach zu trennen", war ursprünglich gestützt auf bereits bei Beginn der Ehe vorhandene Zeugungsunfähigkeit des Ehemannes und auf grobe Mißhandlungen. Später, aber noch in erster Instanz, ließ Klägerin den ersteren Klagegrund fallen, wurde mit ihrer Klage abgewiesen und nahm dann in zweiter Instanz unter Wiederholung des Scheidungsantrages den Klagegrund der Zeugungsunfähigkeit wieder auf.

Ist richtig geklagt? und was wird der Erfolg sein?

---

86. A. hat gegen N. wegen 400 Mk. Darlehnsforderung Zahlungsbefehl und demnächst Vollstreckungsbefehl erlangt, gegen welchen Einspruch erhoben wurde.

Durch das am 20. November verkündete Urtheil zweiter Instanz wurde der Einspruch für zulässig erachtet. Die Zustellung dieses Urtheils erfolgte am 18. December an den Prozeßbevollmächtigten des Klägers. Mit der beim Landgericht erhobenen, auf Rückzahlung des Darlehns gerichteten Klage, welche dem Beklagten am 16. Juni des folgenden Jahres behändigt worden, verlangt Kläger auch Verurtheilung des Beklagten zur Zahlung der Kosten des Mahnverfahrens. Beklagter bittet, diesen Antrag zurückzuweisen, da die im § 697 C.P.O. festgesetzte Frist nicht gewahrt sei. Klägerin bestreitet dies. Wer ist im Rechte?

---

87. A. hatte gegen C. dinglichen Arrest beantragt und zugleich Pfändung einer demselben gegen D. zustehenden Forderung. Nachdem er entsprechenden Arrestbefehl erlangt, gab er dem Gerichtsvollzieher X. Auftrag zur Zustellung, welche dieser in der Weise ausführte, daß er den Arrestbefehl vom 30. November am 1. December dem D., am 3. December dem C. zustellte.

Demnächst ist über das Vermögen des C. Konkurs eröffnet und hat A. Klage erhoben auf abgesonderte Befriedigung aus der arrestirten Forderung unter Bezugnahme auf § 829 Abs. 3 C.P.O., nach welchem er durch die an D. erfolgte Zustellung ein Pfändungspfandrecht erlangt habe. Der Konkursverwalter dagegen hält diese Pfändung deshalb für unwirksam, weil der den vollstreckbaren Titel enthaltende Arrestbeschluß dem Schuldner C. erst nachträglich zugestellt worden sei.

---

88. Für die Klägerin ist eine dem Beklagten gegen X. zustehende Geldforderung im Wege des Arrestes gepfändet worden. Klägerin hat nunmehr beantragt, ihr diese Forderung zur Einziehung zu überweisen, event. wenigstens mit der Maßgabe, daß der Drittschuldner den Betrag hinterlege.

Ist dies zulässig?

---

89. Die Policen der Magdeburger Feuerversicherungsgesellschaft enthalten die Bestimmung, daß im Falle eines Brandes der Betrag des Schadens von zwei Sachverständigen mit verbindlicher Kraft für beide Theile festgestellt werden soll.

Der bei dieser Gesellschaft versicherte V. war abgebrannt, hatte sich über die Person der Sachverständigen mit der Gesellschaft geeinigt, wollte aber hinterher die Abschätzung des Schadens, weil viel zu niedrig, nicht gelten lassen. Er hat Klage erhoben und dieselbe darauf gegründet, daß das Gutachten der Sachverständigen auf falschen thatsächlichen Voraussetzungen beruhe.

Ist dies zulässig?

---

90. Zwischen dem Norddeutschen Lloyd und dem Comptoir d'Escompte war im Oktober 1878 ein Versicherungsvertrag geschlossen worden, welcher die aus ihm entstehenden

Streitigkeiten vor Schiedsrichter verwies, zugleich aber die Bestimmung enthielt, falls eine der Parteien das Urtheil der Schiedsrichter nicht anerkenne, solle ihr die Anrufung des ordentlichen Richters zustehn. Im Februar 1880 wurde nach Eintritt eines Havariefalles ein Schiedsgericht gebildet, im Juni desselben Jahres die Klage eingereicht. Demnächst haben gegen den Schiedsspruch beide Parteien Berufung eingelegt.

Ist dieselbe zulässig?

Zweite Abtheilung.

Aufgaben. (Schriftlich zu bearbeiten.)

I. Erstes Buch.

Allgemeine Bestimmungen.

91. B. & Co. haben ihr Hauptgeschäft in B., eine Zweigniederlassung in H., in welcher letzteren ein besonderer Geschäftszweig selbständig geleitet und betrieben wird. Für diese Zweigniederlassung ist A. als Handlungsbevollmächtigter angestellt und thätig gewesen, gegen ein bestimmtes Jahresgehalt und eine von dem Gesammtumsatz der Zweigniederlassung zu berechnende Provision.

In Folge eingetretener Differenzen hat A. jetzt bei dem Landgerichte zu H. Klage erhoben auf Rechnungslegung über diejenigen Geschäfte, von welchen ihm seines Erachtens Provision aus dem Grunde gebührt, weil sie vertragswidrig von B. aus abgeschlossen worden sind in dem der Zweigniederlassung vorbehaltenen Bezirke.

Die Beklagte hat den Einwand der Unzuständigkeit des Gerichts erhoben, weil der Gerichtsstand der Niederlassung sich nicht auf Ansprüche aus Anstellungsverträgen beziehe, übrigens aber auch diese Ansprüche vom Kläger nicht aus dem Betrieb des Zweiggeschäfts hergeleitet würden, sondern aus dem Betriebe des Hauptgeschäfts.

---

92. V. hat aus einem Immobiliarkaufe als Verkäufer gegen E. als Käufer rückständiges Kaufgeld eingeklagt bei dem Landgerichte des Bezirks, in dem die verkauften Immobilien liegen; E. hat den Einwand der Unzuständigkeit erhoben. — Zur Begründung der Zuständigkeit ist angeführt: bei Ansprüchen aus gerichtlich abgeschlossenen und bestätigten Verträgen über Immobilien sei die Erwartung der Contrahenten stets auf den Ort der belegenen Sache als den Ort des Vertragsvollzuges gerichtet — und zwar in Betreff der beiderseitigen Verpflichtungen. Daher sei in foro rei sitae der Gerichtsstand für beide Contrahenten begründet, wie denn auch thatsächlich Kläger an diesem Orte durch Uebergabe erfüllt habe.

Beklagter hält diese Auffassung schon deshalb für verfehlt, weil im vorliegenden Falle das eingeklagte Kaufgeld erst nach dreimonatlicher Kündigung fällig geworden. Aber auch hiervon abgesehn sei die Absicht keineswegs immer auf einen einheitlichen Erfüllungsort gerichtet; derselbe könne ein verschiedener sein für die Leistung jedes Contrahenten, dergestalt daß auch der Gerichtsstand wechsele, je nachdem die Leistung des einen oder des andern Contrahenten gerichtlich verfolgt werde. Da nun besondere, das Gegentheil ergebende Umstände weder vorhanden noch in der Klage geltend gemacht seien, so bleibe es eben bei der allgemeinen Regel, daß der beklagte Käufer an seinem Wohnorte zu erfüllen und dort auch Recht zu nehmen habe.

---

93. Die in London domicilirende Handelsgesellschaft L. & Co. war vertragsmäßig verpflichtet, an M. in H. von April 1881 bis dahin 1882 monatlich je 50 Tons schwefelsauren Ammoniak zu liefern; sie hat aber nach theilweiser Erfüllung in Folge von Differenzen Ende December 1881 die Lieferung der weiteren Raten eingestellt.

M. hat darauf bei dem Landgerichte zu H. den Antrag gestellt, gegen L. & Co. als Ausländer und ihm wegen verzögerter Erfüllung schadenersatzpflichtig wegen 15000 Mk. dinglichen Arrest anzuordnen; wobei er bemerkt, er habe sich wegen der inzwischen fällig gewordenen Raten gedeckt. — Die Zuständigkeit des Landgerichts folgert M. daraus, daß L. & Co. von ihm selbst noch 8000 Mk. für gemachte Lieferungen zu fordern hätten.

Der Arrest ist auch gegen Hinterlegung einer Sicherheit von 10000 Mk. angeordnet. L. & Co. haben aber Widerspruch erhoben und die Zuständigkeit des Gerichts bestritten; einmal weil sie eine Zweigniederlassung in Hamburg hätten, mithin nicht Ausländer seien; sodann weil Arrestklägerin nach ihrem eigenen Vortrage eine überwiegende Gegenforderung von 15000 Mk. habe.

Worauf kommt es an? und wie ist event. zu entscheiden?

---

94. Kläger hatte in seinem Wohnorte B. von dem in K. wohnhaften Beklagten bei dessen Anwesenheit in B. eine Partie Schaffelle gekauft, und auf Ersuchen den Kaufpreis durch Girokonto beglichen. Nachdem ihm die in B. zu liefernde Waare daselbst zugerollt war, stellte er sie wegen Mangels vorbedungener Eigenschaften dem Verkäufer zur Verfügung und hat demnächst bei dem Landgerichte seines Wohnortes B. dahin Klage erhoben,

> daß Beklagter verurtheilt werde, den gezahlten Kaufpreis nebst Zinsen gegen Rückgabe der Felle zu erstatten.

Beklagter hat Abweisung der Klage beantragt, indem er vorweg den Einwand der Unzuständigkeit des Gerichts erhob und zwar mit folgender Begründung: „Streitig" im Sinne des § 29 C.P.O. seien nicht die durch beiderseitige Erfüllung erloschenen Verpflichtungen aus dem Kaufvertrage, sondern seine eigene Verpflichtung zur Rückzahlung des Preises. Dafür sei sein Wohnort K. Erfüllungsort. Zur Abnahme der Felle sei er berechtigt, aber nicht verpflichtet.

Wie ist zu entscheiden?

---

95. Kläger hatte von dem in Pr. wohnhaften Beklagten 100 Kisten Pflaumen zum Preise von 40 Mk. für je 100 Klgr. gekauft. Da die Waare nach ihrem Eintreffen beim Kläger in D. gut und verwendbar befunden, so wurde der

Preis bezahlt. Kläger hat jedoch später die noch bei ihm auf Lager befindlichen Pflaumen dem Beklagten zur Verfügung gestellt, weil sich nach nochmaliger Untersuchung herausstellte, daß sie in Folge ungenügender Trocknung schimmelig geworden waren.

Da Beklagter den vom Kläger geforderten Ersatz in vertragsmäßiger Waare verweigerte und jede Erörterung ablehnte, so ist gegen ihn beim Landgerichte zu D. Klage erhoben auf Rückzahlung des Preises nebst Kostenersatz.

Im Laufe des Rechtsstreits hat Kläger die Pflaumen verkaufen lassen und die Klagesumme nach Abzug des Erlöses auf 400 Mk. ermäßigt.

Beklagter hat die Zuständigkeit des Landgerichts zu D. bestritten.

Zu ihrer Begründung hatte Kläger angeführt, daß Beklagter im Gerichtsbezirke D. Vermögen besitze, bestehend im Eigenthum der ihm dort zur Verfügung gestellten Waare event. im Anspruche auf Herausgabe derselben.

Das Landgericht hat über die przoeßhindernde Einrede in abgesonderter Verhandlung Beweis erhoben und die Einrede verworfen.

Es fragt sich, ob dies gerechtfertigt war.

---

96. Zu der H.schen Konkursmasse gehört ein im Bezirke des Landgerichts zu P. belegenes Grundstück, auf welchem ursprünglich für R., jetzt für die Ehefrau des Gemeinschuldners H. 10000 Mk. hypothekarisch eingetragen sind.

Der H.sche Konkurs-Verwalter hat gegen die Ehefrau H. in deren persönlichem Gerichtsstande auf Löschung dieser Hypothek geklagt, da dieselbe vom Gemeinschuldner aus dessen Mitteln an R. abgezahlt und schenkungsweise auf den Namen der Ehefrau A. umgeschrieben worden sei.

Die Beklagte hat den Einwand der Unzuständigkeit des Gerichts erhoben, welchen Kläger für hinfällig hält, da das von ihm geltend gemachte Forderungsrecht ein persönliches sei.

---

97. Die geschiedene Ehefrau A. hatte ihren Wohnsitz in B. genommen, um sich daselbst einer ärztlichen Behandlung zu unterziehen. In der ausgesprochenen Absicht, demnächst nach S. überzusiedeln, hatte sie ihre entbehrlichen

Möbel dorthin bringen lassen. Sie ist jedoch in B. verstorben mit Hinterlassung eines Testaments, in welchem sie die Wittwe N. zur Erbin einsetzte und dem in der Ehe mit ihrem geschiedenen Ehemanne erzeugten Sohne 15 000 Mk. als seinen gesetzlichen Pflichttheil frei vom väterlichen Nießbrauche vermachte. Demnächst hat der geschiedene Ehemann gegen die Wittwe N. und seinen durch einen Pfleger vertretenen minderjährigen Sohn bei dem Landgericht zu B. Klage erhoben auf Anerkennung seines Nießbrauchsrechts an dem, dem minderjährigen Sohne als Pflichttheil gebührenden, (in einem besonderen Verfahren zu ermittelnden) Ein Drittel des gesammten Nachlasses, so lange sich der Sohn in väterlicher Gewalt befinden werde.

Die Beklagten beantragten Abweisung wegen Unzuständigkeit des Landgerichts zu B., weil die Erblasserin A. ihren allgemeinen Gerichtsstand zur Zeit ihres Todes in S. gehabt habe. — Nachdem dieser Einwand in erster Instanz verworfen war, haben die Beklagten in der Berufungsinstanz geltend gemacht, der § 27 C.P.O. finde überhaupt keine Anwendung, weil Kläger nicht in Vertretung seines Kindes dessen Pflichttheil aus dem Nachlasse beansprucht habe, sondern gegen sein Kind und dessen Miterbin sein auf der väterlichen Gewalt beruhendes Nießbrauchsrecht festgestellt haben wolle. Kläger hält diesen Einwand für verspätet, weil die Zuständigkeit des Erbschaftsforums in erster Instanz unstreitig gewesen sei.

---

98. Der Beklagte hat gegen das ihm zugestellte Versäumnißurtheil Einspruch eingelegt und in dem zur Verhandlung über den Einspruch und die Hauptsache anberaumten Termine beantragt, die Klage in der angebrachten Art event. pure abzuweisen. In erster Beziehung verlangte er, es solle vor Eintritt in die Verhandlung zur Hauptsache durch Urtheil erkannt werden, daß die Prozeßvoraussetzungen nicht vorhanden seien, weil auf der ihm zugestellten Abschrift der Klage der Terminsvermerk gefehlt habe.

Kläger stellte dagegen folgende Anträge: das Versäumnißurtheil aufrecht zu erhalten, event. nunmehr Verurtheilung auszusprechen; schlimmstenfalls die Verhandlung zu vertagen, in welchem Falle er neu laden wolle.

Darauf hat der Gerichtshof angeordnet, es sei zur Hauptsache zu verhandeln, und nachdem dies geschehn, hat er die Klage pure (endgültig) abgewiesen, mit der Begründung, daß beide Anträge, sowohl der auf Abweisung in der angebrachten Art, als der auf definitive Abweisung, gerechtfertigt seien. — Kläger hat Berufung eingelegt.

Wie ist zu entscheiden?

---

99. Die Klage ist dem Beklagten, als dessen Aufenthaltsort N. in Russland bezeichnet war, in der Wohnung seiner Mutter Albrechtstraße Nr. 3 zu Berlin zugestellt, während er sich bei seiner Mutter besuchsweise aufhielt, und zwar zu Händen des Dienstmädchens M. D.

Beklagter hat unter Verweigerung der Einlassung zur Hauptsache den Einwand der Unzuständigkeit erhoben, weil er zur Zeit der Klagezustellung seinen Wohnsitz nicht in Berlin, sondern im Russischen Bezirke Charkow gehabt habe. Er rügte aber auch, daß die Klage nicht ordnungsmäßig zugestellt sei, nämlich nicht an sein, sondern an seiner Mutter Dienstmädchen.

Kläger entgegnet: Beklagter habe nach Russischen Gesetzen als ausländischer Jude im Bezirke Charkow keinen Wohnsitz erwerben können; er habe dagegen, während er sich in Berlin bei seiner Mutter drei Monate lang besuchsweise aufgehalten, daselbst seinen Wohnsitz gehabt.

Das Landgericht hat durch Zwischenurtheil den Einwand der Unzuständigkeit verworfen; in den Gründen wird bemerkt, die Entscheidung der Frage, ob ordnungsmäßig zugestellt sei, bleibe dem Verfahren in der Sache selbst vorbehalten.

Ist dies zu billigen? und — wenn nicht — wie hätte verfahren werden sollen?

---

100. A. hatte vor Ablauf der Verjährungsfrist, um diese zu unterbrechen, die Wechselklage erhoben. Gleichwohl ist die Klage auf Grund des vom Beklagten erhobenen Verjährungseinwandes abgewiesen, nachdem sich in der mündlichen Verhandlung herausgestellt hatte, daß die Zustellung der Klage, da Beklagter in seiner Wohnung nicht angetroffen worden, an seinen elfjährigen Sohn erfolgt sei.

Kläger hat dagegen Berufung eingelegt, in welcher er, gestützt auf das Zeugniß des zustellenden Beamten, geltend macht, dieser habe den Knaben als so weit entwickelt angesehn, daß ihm die richtige Weiterbesorgung des zugestellten Schriftstücks zugetraut werden konnte, mithin als „erwachsenes Familienglied" im Sinne der C.P.O. — Auch sei thatsächlich die zugestellte Klageabschrift noch vor Ablauf der Verjährungszeit in die Hände des Beklagten gelangt, wie derselbe eidlich nicht leugnen könne.

Der Beklagte hält dies für unerheblich. Wie ist zu entscheiden?

---

101. P., der Anwalt des Beklagten, hat dem Rechtsanwalte R., dem Prozeßbevollmächtigten des Klägers, von Anwalt zu Anwalt das Urtheil erster Instanz zugestellt. Das darüber ausgestellte, dem Gegenanwalt P. ausgehändigte Empfangsbekenntniß datirt vom 31. Januar. Die Berufungsschrift ist dem beklagtischen Anwalt P. erst am 2. März zugestellt.

Der klägerische Anwalt R. hat nun in der mündlichen Verhandlung der Berufungsinstanz unter Beweisantritt behauptet: das Datum des Empfangsbekenntnisses sei insofern unrichtig, als zwar die zuzustellende Ausfertigung des Urtheils erster Instanz am 31. Januar in seinem Büreau abgegeben worden, während er auf Reisen abwesend war. Er habe aber erst am 2. Februar, als er von der Reise zurückgekehrt, von der Zustellung Kenntniß erhalten und darauf jenes Empfangsbekenntniß ausgestellt. Hieraus wird gefolgert, daß die Berufung am 2. März rechtzeitig zugestellt sei.

Beklagter hält diese Ausführung für hinfällig; denn aus der unterbliebenen Aenderung des Datums folge die Absicht, daß die Zustellung als am 31. Januar an den Rechtsanwalt R. selbst (durch Empfangnahme der Ausfertigung seitens des Büreauvorstehers) bewirkt angesehen werden solle.

Kläger erwidert, eine solche Absicht würde an der Sachlage nichts ändern, weil Nothfristen durch Vereinbarung nicht abgekürzt werden können.

Wie ist zu entscheiden?

102. Kläger ist mit seiner Klage auf Löschung einer Hypothek von 8000 Mark abgewiesen. Die von ihm eingelegte Berufung hat Beklagter für unzulässig erklärt, weil sie nicht rechtzeitig eingelegt, d. h. die Berufungsschrift nicht rechtzeitig zugestellt sei. Damit verhält es sich so.

Am 21. März war das erste Urtheil dem Vertreter des Klägers zu K. zugestellt. Dieser sandte erst am 21. April Nachmittags die Berufungsschrift von K. nach L. an den dortigen Gerichtsvollzieher, um sie daselbst dem Vertreter des Beklagten, Rechtsanwalt R. zuzustellen.

Der Gerichtsvollzieher zu L. erhielt die Berufungsschrift Abends 10 Uhr, begab sich mit der telegraphisch erbetenen Ermächtigung des dortigen Amtsgerichts, bei Nachtzeit zuzustellen, nach der Wohnung des Rechtsanwalts R., fand aber diese, sowie auch die Wohnung des Hauswirths verschlossen und konnte trotz Klingelns und Klopfens keinen Einlaß erlangen.

Er hat sich demnächst zwischen 10 und 11 Uhr nach dem Rathhause begeben, und dem in der noch offenen Polizeiwachtstube angetroffenen Gefangenwärter G. die Berufungsschrift nebst Zustellungsermächtigung übergeben.

G. hat am folgenden Morgen diese Schriftstücke dem zugleich als Polizeivorsteher fungirenden Bürgermeister eingehändigt.

Die über den Vorgang aufgenommene Zustellungsurkunde des Gerichtsvollziehers besagt: daß er den Rechtsanwalt R. in dessen Wohnung nicht angetroffen habe, daß auch die Zustellung weder an einen Hausgenossen oder eine dienende Person, noch an den Hauswirth oder Vermiether möglich gewesen sei; daß er deshalb die bezeichneten Schriftstücke bei dem Magistrat zu L. niedergelegt und die Niederlegung durch eine an der Thür des Rechtsanwalts R. befestigte schriftliche Anzeige, sowie durch mündliche Mittheilung an einen Nachbar bekannt gemacht habe.

Es fragt sich: Ist die Zustellung rechtzeitig erfolgt oder nicht?

---

103. Die Bauunternehmer A. und B. hatten für den Militärfiskus Bauarbeiten ausgeführt, deren Ausführung sie gemeinschaftlich übernommen hatten. Ihr Guthaben im Betrage von 5000 Mk. wurde für mehrere Gläubiger des B. im Wege der Zwangsvollstreckung gepfändet und in Folge dessen seitens der Garnisonverwaltung zu X. als Besteller der Arbeiten hinterlegt.

In dem nunmehr eingeleiteten Vertheilungsverfahren beanspruchte A. als mit B. gleichberechtigter Gesellschafter die Auszahlung seiner schuldenfreien Hälfte. Das Gericht hat aber einen Theilungsplan aufgestellt, nach dem die ganze Theilungsmasse zur Deckung der Gläubiger des B. verwendet wird.

A. will, um dies zu verhindern, gegen B. und dessen Gläubiger Widerspruchsklage einreichen, und hat, da die Betheiligten in verschiedenen Oberlandesgerichtsbezirken wohnen, beim Reichsgericht die Bestellung eines gemeinschaftlichen Gerichtsstandes beantragt.

Ist diesem Antrage stattzugeben?

---

104. L. ist in Folge Streitverkündigung dem Beklagten beigetreten, demnächst Beklagter kostenpflichtig verurtheilt; die durch die Nebenintervention verursachten Kosten sind dem Nebenintervenienten aufgelegt Letzterer hat Berufung eingelegt, und zwar mit dem Erfolge, daß in zweiter Instanz Kläger unter Belastung mit sämmtlichen Kosten abgewiesen wurde.

Dies Berufungsurtheil stellte nunmehr der Nebenintervenient dem Kläger zu, worauf Letzterer ihm gegenüber rechtzeitig Revision einlegte, mit dem Antrage:

unter Aufhebung des angefochtenen Berufungsurtheils die Berufung zurückzuweisen, die Kosten der Berufungs- und der Revisionsinstanz aber dem Nebenintervenienten zur Last zu legen.

Die Revisionsschrift ist nur dem Nebenintervenienten, nicht auch dem Beklagten zugestellt. — Es fragt sich daher zunächst, ob die Revision gehörig eingelegt und somit zuzulassen, oder ob sie vielmehr als unzulässig zu verwerfen sei.

---

105. Kläger beansprucht Bezahlung von 1200 Mk. für ein auf Bestellung von ihm geliefertes Bauproject. Die Klage ist gerichtet 1) gegen die Commanditgesellschaft B. & Co.,

2) gegen den persönlich haftenden Gesellschafter B., 3) gegen den Commanditisten C. —

Sie gründet sich darauf, daß das Bauproject bestellt worden sei 1) von B., Namens der Gesellschaft und 2) von C. für seine Person.

Letzteres wurde zwar bestritten. Nachdem jedoch Kläger beschworen, daß C. ihn ebenfalls beauftragt habe, das Project anzufertigen, wurden die Gesellschaft, sowie B. und C. für ihre Person als Gesammtschuldner zur Zahlung verurtheilt.

Sowohl B. als C. haben Berufung eingelegt. Im Termin zur mündlichen Verhandlung ist für C. Niemand erschienen weshalb Kläger beantragte, die Berufung des C. durch Versäumnißurtheil zurückzuweisen.

Dieser Antrag ist jedoch durch Beschluß zurückgewiesen, weil nothwendige Streitgenossenschaft vorliege, mithin C. als durch B. mitvertreten zu erachten sei.

Gegen diesen Beschluß hat Kläger sofortige Beschwerde eingelegt. Es fragt sich, ob dieselbe zulässig und ob sie begründet ist. —

---

106. I. A. hat als Cessionar einer demnächst ausgefallenen Hypothekenforderung gegen seinen Cedenten B. Gewährleistungsklage angestellt auf Erstattung der gezahlten Cessions-Valuta. — B. hat seinerseits seinem Cedenten L. den Streit verkündet; dieser hat seine Regreßpflicht bestreitend erklärt, er wolle dem Beklagten Beistand leisten und schließe sich dessen Anführungen an, sowie dessen Antrag auf Abweisung der Klage. Die Abweisung ist erfolgt. Die hiergegen vom Kläger eingelegte Berufung bittet Beklagter aus folgenden Gründen zu verwerfen. Es ist, wie in der mündlichen Verhandlung festgestellt, zwar die Berufungsschrift sowohl dem B. als dem L., das Urtheil erster Instanz aber nur dem B. allein zugestellt worden. Letzteres erklärt Beklagter für ungenügend, da zwischen B. und L. nothwendige Streitgenossenschaft bestehe. — Wie ist zu entscheiden?

II. Angenommen in obigem Falle wäre in erster Instanz auf Verurtheilung erkannt, das Urtheil seitens des A. am 20. December dem B., am 30. December dem L. zugestellt und von L. allein durch einen am 27. Januar folgenden Jahres zugestellten Schriftsatz Berufung eingelegt.

Ist dieselbe zulässig?

---

107. I. Dem verurtheilten Beklagten ist N., während der Rechtsstreit in der Berufungsinstanz schwebte, als Nebenintervenient beigetreten. Darauf ist dahin erkannt, daß die Klage abzuweisen und die Nebenintervention als unzulässig zu verwerfen.

Kläger sowohl als N. haben gegen dieses Urtheil Revision eingelegt, Letzterer mit dem Antrage:

unter Aufhebung des Berufungsurtheils seine Nebenintervention für begründet zu erklären und die Klage auch ihm gegenüber abzuweisen.

Es fragt sich, ob dieser Antrag zulässig und wie zu entscheiden ist.

II. In einem andern Falle hatte der Berufungskläger die Zurückweisung der Nebenintervention wegen mangelnden rechtlichen Interesses beantragt, nachdem der Anwalt des Berufungsbeklagten in der Berufungsbeantwortung zugleich Namens des Nebenintervenienten dessen Beitritt erklärt hatte. Auch in der mündlichen Verhandlung waren beide durch denselben Anwalt vertreten.

Die Nebenintervention wurde für unzulässig erklärt wegen Formmangels, weil nämlich die Zustellung der Beitrittserklärung an die Hauptpartei nothwendig, aber unterblieben sei. — Ist dies gerechtfertigt?

---

108. Die durch Berufungsurtheil abgewiesene Klägerin hat dem Beklagten dies Urtheil am 29. December zugestellt, am 25. Januar dem Reichsgericht ein Gesuch um Zulassung zum Armenrechte eingereicht, über welches nach Einforderung und Vorlegung der Prozeßakten am 28. Januar Beschluß gefaßt und am 29. Januar Vormittags dieser das Armenrecht gewährende Beschluß dem Offizialanwalt der Klägerin zugestellt wurde.

Letzterer hat die Revisionsschrift dem in K. wohnhaften Prozeßbevollmächtigten des Beklagten am 31. Januar zustellen lassen und Wiedereinsetzung gegen die versäumte Nothfrist beantragt. Begründend führt er an, es sei für die

Klägerin als unabwendbarer Zufall zu betrachten, daß der Beschluß auf Zulassung zum Armenrechte erst am 29. Januar Vormittags notificirt worden, und ebenso, daß das die Revisionsschrift enthaltende Packet anstatt fahrplanmäßig um 10 Uhr, in Folge einer Zugverspätung erst Nachts um $11^{1}/_{2}$ Uhr dem Postamte in K. zugegangen. Dasselbe sei mit dem Vermerk: „Sogleich noch heute zu bestellen" versehen gewesen.

Ist Wiedereinsetzung zu gewähren oder nicht?

---

109. I. Nachdem die öffentliche Zustellung des Versäumnißurtheils an den Beklagten bewilligt und durch Aushang an der Gerichtstafel vom 15. bis 31. März bewirkt worden, hat Beklagter Wiedereinsetzung in den vorigen Stand beantragt. In dem vom 10. November datirten, dem klägerischen Anwalt am 20. November zugestellten Wiedereinsetzungsgesuche war behauptet, Beklagter habe ohne sein Verschulden von der Zustellung des Versäumnißurtheils keine Kenntniß erlangt. In der im Februar des folgenden Jahres stattfindenden mündlichen Verhandlung ergänzte Beklagter diese Angabe dahin, daß er erst am 10. November vom Erlasse des Versäumnißurtheils Kenntniß erlangt habe.

II. In einem anderen Falle hat Beklagte gegen ein ihr am 18. Juli zugestelltes Urtheil Berufung eingelegt, die Zustellung der Berufungsschrift an den Kläger ist aber erst am 23. August erfolgt.

Die Beklagte hatte nämlich am 5. August Bewilligung des Armenrechts für die zweite Instanz erbeten; diesem Gesuche aber war — nach Einforderung der Akten erster Instanz — erst durch Beschluß vom 19. August stattgegeben.

Zur Begründung ihres Wiedereinsetzungsgesuchs vom 21. August hatte die Beklagte nur angeführt, sie habe ihr Gesuch um Zuordnung eines Armenanwalts nicht früher einreichen können, weil sie das Schreiben ihres Prozeßvertreters vom 19. Juli, in dem er ihr von der erfolgten Zustellung des Urtheils Mittheilung machte, nicht erhalten habe. Letzteres versicherte sie an Eidesstatt.

Erst in der mündlichen Verhandlung ergänzte der Vertreter der Beklagten diese Begründung dahin, daß bei ordnungsmäßigem Geschäftsgange die Zeit vom 5. bis 18. August für die Bewilligung des Armenrechts und die rechtzeitige Zustellung der Berufungsschrift hingereicht haben würde. —

In beiden Fällen ist die Frage zu beantworten, ob das Gesuch um Wiedereinsetzung genügend begründet, ihm daher stattzugeben war oder nicht.

II. Zweites Buch.

Verfahren in erster Instanz.

110. Die Klage auf Zahlung einer Geldsumme aus einem Lieferungsvertrage war gegen die Kalibohrgesellschaft Leopoldshall vertreten durch den Vorstand gerichtet und dabei bemerkt, die einzelnen Mitglieder seien deshalb nicht verklagt, weil nach § 7 des Statuts die Gesellschaft, welche weder Korporation noch Handelsgesellschaft sei, im Prozesse durch den Vorstand vertreten werde.

Die Beklagte hat Abweisung beantragt, weil unter der Bezeichnung „Kalibohrgesellschaft“ nur eine juristische Person oder ein Verein verklagt werden könne. Schlimmstenfalls könnten unter dieser Bezeichnung nur diejenigen Personen verstanden werden, welche gegenwärtig die Gesellschaft bilden. In Anspruch genommen werden könnten aber nur diejenigen Personen, welche die Gesellschaft bildeten zur Zeit der Entstehung der Verbindlichkeit aus dem Lieferungsvertrage.

Demnächst erklärte Kläger, er richte die Klage nunmehr nur gegen die Vorstandsmitglieder A., B. und C. für ihre Person mit dem Antrage, dieselben zur Zahlung der Klagesumme unter solidarischer Haftbarkeit zu verurtheilen.

Die Beklagte beantragt, auch diesen Antrag — wegen unzulässiger Klageänderung — abzuweisen.

Wie ist zu entscheiden?

---

111. A. hat gegen B. eine Besitzklage dahin angestellt, daß derselbe verurtheilt werde:

den Besitz des Klägers an der Fischerei in dem Tr.-Flusse innerhalb der bezeichneten Grenzen anzuerkennen, sich jeder ferneren Störung dieses Besitzes zu enthalten, auch den durch die stattgehabte Störung verursachten Schaden dem Kläger zu ersetzen.

B. hat dagegen mit der Behauptung, ihm stehe das ausschließliche Fischereirecht in dem bezeichneten Wassergebiete zu, Abweisung der Klage und zugleich widerklagend beantragt:

den Widerbeklagten A. zu verurtheilen, anzuerkennen: daß ihm, dem Widerbeklagten, ein Fischereirecht in dem Tr.-Flusse nicht zustehe, Widerbeklagter auch schuldig, sich jeder Störung des Widerklägers in der demselben zustehenden ausschließlichen Fischereiberechtigung in der Tr. zu enthalten.

Ist diese Widerklage zulässig?

---

112. A. hat gegen seine frühere Pflegetochter Frau B. Klage erhoben auf Herausgabe eines auf den Namen der Letzteren lautenden Sparkassenbuches. Er behauptete Eigenthümer dieses Buches dadurch geworden zu sein, daß er die in demselben enthaltenen notirten Einzahlungen geleistet und das Buch seitens der Sparkassen-Verwaltung übergeben erhalten habe. Auch führte er an, er habe das Buch auf den Namen der Beklagten nur zu dem Zwecke ausstellen lassen, damit sie solches, wenn sie gut thue und bei ihm bliebe, demnächst erben solle; Beklagte aber habe sich das Buch eigenmächtig zugeeignet, indem sie die Schatulle, in welcher er es aufbewahrte, mittelst falschen Schlüssels öffnete. — Die erste Instanz hat angenommen: da Kläger das Buch anerkanntermaßen auf den Namen der Beklagten habe schreiben lassen, so sei dieselbe durch seine Vermittelung Darlehnsgläubigerin der Sparkasse geworden; deshalb wurde die Klage abgewiesen.

Kläger hat nunmehr Berufung eingelegt, in welcher er obige Auffassung des ersten Richters zu widerlegen suchte, zugleich aber darauf hinwies, daß jedenfalls Beklagte ihr etwaiges Eigenthum an dem Buche zu seinen Gunsten verloren haben würde nach den Vorschriften über unerlaubte Selbsthilfe. Der Beklagte erklärt diese Klageänderung für unzuläßig.

Worauf kommt es an? und wie ist event. zu entscheiden?

---

113. Kläger hat im Urkundenprozesse 5000 Mk. baares Darlehn auf Grund eines Darlehnsschuldscheins gefordert. Demnächst hat er vor der mündlichen Verhandlung vom Urkundenprozesse Abstand genommen, so daß der Rechtsstreit im ordentlichen Verfahren anhängig blieb, und über die Entstehung des Schuldscheins nunmehr Folgendes angegeben: Beklagter habe ihm durch rechtswidrige Handlung bedeutenden Schaden zugefügt. Dieser Schade sei durch Uebereinkunft auf 1000 Mk. fixirt, davon die Hälfte bezahlt und über den Rest ein später gegen die Klageurkunde ausgetauschter Schuldschein ausgestellt.

Beklagter findet hierin das Zugeständniß, daß kein baares, sondern ein durch Novation fingirtes Darlehn vorliege, und widerspricht der Klageänderung als unzulässig.

---

114. Nachdem die von A. gegen B. beim Landgericht auf Schadenersatz wegen Körperverletzung angestellte Klage rechtzeitig zugestellt worden, hat A. in einem acht Tage vor dem Verhandlungstermin zugestellten Nachtrage zur Klage noch 50 Mk. nachträglich erwachsene Kurkosten beansprucht.

B. blieb im Verhandlungstermin aus. Dem von A. gestellten Antrage auf Erlaß des Versäumnisurtheils ist aber nur stattgegeben hinsichtlich des ursprünglichen Klageantrages; mit den nachträglich geforderten 50 Mk. ist Kläger abgewiesen. Die hiergegen eingelegte sofortige Beschwerde ist vom Oberlandesgerichte als unzulässig verworfen in Erwägung, daß die abweisende Entscheidung nur durch Berufung hätte angefochten werden können.

Kläger hat weitere Beschwerde eingelegt. — Ist dieselbe zulässig? und ist sie begründet?

---

115. Kläger hatte auf Zahlung von 10000 Mk., als Theil einer ihm zustehenden Forderung von 30000 Mk. Klage erhoben, dieselbe aber mittelst dem Beklagten zugestellten Schriftsatzes vor dem ersten Termin zur mündlichen Verhandlung zurückgenommen.

Vorher aber war dem Kläger seitens des Beklagten ein Schriftsatz zugestellt, in welchem es hieß, Beklagter werde Widerklage dahin erheben: festzustellen, daß dem Widerbeklagten ein Anspruch auf Zahlung von 30000 Mk. an Widerkläger nicht zustehe.

Im Verhandlungstermin erschien Kläger nicht. Es erging auf Antrag des Beklagten ein Versäumnißurtheil entsprechend der Widerklage. Gegen dieses hat Kläger Einspruch erhoben. Wird derselbe Erfolg haben?

---

116. H. war als Heizer bei der B.-M. Eisenbahngesellschaft angestellt. Er ist im Betriebe derartig verunglückt, daß ihm das linke Bein abgenommen werden mußte, und hat Entschädigungsansprüche erhoben: gegen die Eisenbahngesellschaft, vertreten durch das Königliche Betriebsamt zu K. — Letzteres hat den Anspruch nach Existenz und Größe bestritten und zunächst die Einrede der mangelnden gesetzlichen Vertretung erhoben, weil nach § 143 c, § 16 der Preuß. Organisationsbestimmungen über die Staats-Eisenbahnverwaltung vom 24. November 1879, die Eisenbahndirectionen, nicht die Betriebsämter, zur Führung derartiger Prozesse berufen seien. — In den genannten Paragraphen ist nämlich den Betriebsämtern die laufende Verwaltung einschließlich der Prozeßführung zugewiesen, den Directionen aber die Entscheidung über Ansprüche aus dem Haftpflichtgesetz vorbehalten, wenn die vergleichsweise zu gewährende Entschädigung den Betrag einer jährlichen Rente von 300 Mk. übersteigt.

In erster Instanz ist von Amtswegen abgesonderte Verhandlung über die prozeßhindernde Einrede angeordnet. Sie ist durch Urtheil verworfen, auf Antrag des Klägers sofort weitere Verhandlung zur Hauptsache beschlossen und durch ein zweites Urtheil von demselben Tage die Beklagte zum Schadenersatz verurtheilt unter Vorbehalt der Feststellung des Betrages.

Gegen das erste Urtheil hat Beklagte Berufung eingelegt, in welcher sie nunmehr noch ferner geltend machte, sie habe ihren allgemeinen Gerichtsstand in E., könne in Haftpflichtsachen nur dort verklagt und nur durch die dort domicilirende Direction vertreten werden.

Inzwischen ist das in der Hauptsache ergangene contradictorische Urtheil rechtskräftig geworden, weshalb Kläger beantragt: die Berufung als nunmehr gegenstandslos zurückzuweisen.

Wie ist in der Berufungsinstanz zu entscheiden?

---

117. I. A. ist im Vorprozesse von B. wegen Zahlung von 1000 Mk. in Anspruch genommen, hat in gleicher Höhe eine Gegenforderung von 5000 Mk. zum Zwecke der Aufrechnung geltend gemacht und, während dieser Prozeß noch schwebt, wegen des Mehrbetrages der Gegenforderung mit 4000 Mk. gegen B. Klage erhoben.

B. erhebt den Einwand der Rechtshängigkeit und beantragt event. Aussetzung des Verfahrens. Denn sollte im Vorprozesse auf Verurtheilung des jetzigen Klägers A. erkannt werden auf Grund der Feststellung der Nichtexistenz der zur Aufrechnung geltend gemachten Gegenforderung der 5000 Mk., so würde der jetzigen Klage der Einwand der res judicata entgegenstehn. Wie ist zu verfahren?

II. Nehmen wir an, die von A. erhobene Aufrechnungs-Einrede ist als illiquide und mit dem Klageanspruch rechtlich nicht zusammenhängend auf den Weg besonderer Klage verwiesen und A. nach dem Antrage des B. verurtheilt. Nunmehr erhebt A. seinerseits Klage wegen der ganzen 5000 Mk. Kann ihm alsdann B. den Einwand der Rechtshängigkeit in Höhe von 1000 Mk. entgegensetzen?

---

118. Der Beklagte hat Abweisung der Klage aus dem Grunde beantragt, weil Kläger nach Zustellung der Klage die eingeklagte Forderung an C. abgetreten habe, daher Zahlung für sich zu fordern nicht mehr berechtigt sei.

Darauf hat Kläger entgegnet, die Abtretung habe auf den Prozeß keinen Einfluß und er daher zur Abänderung seines ursprünglichen Klageantrages keine Veranlassung.

Nach Ansicht des Beklagten muß nunmehr die Klage ohne Weiteres abgewiesen werden. Ist dem beizupflichten?

---

119. Kläger beantragt, den Beklagten zu verurtheilen, anzuerkennen, daß ihm als Eigenthümer des Bauergutes X. das Recht des Fahrweges zustehe über die benachbarte Parzelle des Beklagten, und sich jeder Störung des Klägers in Ausübung dieses Rechts bei Strafe zu enthalten. Zur Be-

gründung der Klage beruft Kläger sich lediglich auf ein im Vorprozesse umgekehrter Parteirolle ergangenes rechtskräftiges Urtheil. Damals hatte der jetzige Beklagte gegen den jetzigen Kläger Negatorienklage dahin angestellt, daß diesem das in Rede stehende Wegerecht nicht zustehe. Das Vorerkenntniß lautete lediglich auf Abweisung der Klage. In den Urtheilsgründen ist allerdings festgestellt, daß das Wegerecht bestehe.

Der jetzige Beklagte hat das Bestehen des Wegerechts wiederum bestritten und auf den Einwand der rechtskräftig entschiedenen Sache erwidert, die Urtheilsformel enthalte keine Feststellung über den Streitgegenstand, sondern bloße Abweisung.

Wie ist zu entscheiden? — Wie wäre zu entscheiden, wenn nach den Gründen des Urtheils im Vorprozesse die Negatorienklage deshalb abgewiesen war, weil Kläger seine Activlegitimation zur Anstellung der Klage nicht nachgewiesen habe?

---

120. A. hat im Jahre 1887 gegen B. aus einem zwischen beiden im Jahre 1864 abgeschlossenen Grundstückskaufvertrage geklagt auf Zahlung eines angeblichen Kaufgelderrestes von 3000 Mk. Vor der mündlichen Verhandlung nahm er die Klage zurück.

Im Jahre 1888 extrahirte er wegen derselben Forderung einen Zahlungsbefehl, stellte jedoch, nachdem N. rechtzeitig Widerspruch erhoben, keine Klage an, sondern cedirte den Anspruch an C. und machte dem N. hiervon Anzeige, während gleichzeitig C. den N. aufforderte, nunmehr an ihn Zahlung zu leisten.

Hierdurch veranlaßt, hat N. gegen den Cedenten A. Klage erhoben mit dem Antrage: den Beklagten zu verurtheilen anzuerkennen, daß das gesammte Kaufgeld aus dem Eingangs bezeichneten Vertrage schon vor dem Jahre 1888 vollständig berichtigt gewesen sei. Die Klage stützt sich auf eine notarielle Urkunde vom Jahre 1864, in welcher A. über den ganzen Kaufgelderrest von 1500 Thlr. quittirt hat.

Beklagter bittet um Abweisung, weil Kläger ein rechtliches Interesse an Herbeiführung einer derartigen Feststellung zur Zeit nicht nachgewiesen habe; jedenfalls habe ein solches

Interesse, sofern es früher bestand, seit der an C. erfolgten Abtretung des Anspruches aufgehört.

Kläger entgegnet, die verlangte Feststellung sei offenbar das geeignetste Mittel, den C. von Anstellung der unbegründeten Klage zurückzuschrecken; sie würde gegenüber dem C. als Rechtsnachfolger des Beklagten sogar von präjudicieller Bedeutung sein.

Wie ist zu entscheiden?

---

121. Der Stationsvorsteher V. hatte bei seiner vorgesetzten Dienstbehörde, der Direction der W.-Eisenbahn, seine Lebensversicherungs-Police als Caution hinterlegt. Nach des V. Tode wurde einerseits von dem P.schen Bankgeschäft auf Grund einer Cessionsurkunde des V., andrerseits von der Wittwe als Erbin die Rückgabe der Police beansprucht.

Die Direction erklärte beiden Prätendenten, sie bestreite ihre Verpflichtung nicht, wisse aber nicht, wer von beiden der Berechtigte sein möge. Zugleich hinterlegte sie zur Vermeidung nutzloser Prozesse die Police bei der zuständigen Hinterlegungsstelle mit der Declaration, daß die Hinterlegung wegen der obwaltenden Legitimationszweifel erfolge und behufs Herausgabe an den wirklich Berechtigten, sei es das P.sche Bankgeschäft, sei es die Wittwe V.

Das Bankgeschäft hat hierauf gegen die Wittwe V. mit dem Antrage geklagt, festzustellen, daß der Anspruch auf Herausgabe der hinterlegten Police der Klägerin, nicht der Beklagten zustehe.

Die Beklagte hat zwar Widerklage angestellt; sie ist aber zunächst der Ansicht, daß eine derartige Klage, wie angestellt, überhaupt nicht zulässig sei.

122. Auf Grund eines Kaufvertrages, Inhalts dessen die Auflassung erst später erfolgen sollte, ist Klage auf Räumung des verkauften Grundstücks erhoben. Beklagter hat Abweisung beantragt, da der Kaufvertrag simulirt, nur Sicherstellung für eine inzwischen bereits getilgte Darlehnsschuld beabsichtigt gewesen sei. Zugleich hat er widerklagend beantragt, zu erkennen, daß Kläger und Widerbeklagter nicht berechtigt sei, aus dem Kaufvertrage Eigenthumsansprüche herzuleiten.

Vor Erledigung dieses Prozesses hat Kläger eine neue Klage auf Rückzahlung von 5000 Mk. und Zinsen angestellt. Er macht geltend: das Grundstück sei inzwischen schuldenhalber gerichtlich versteigert worden. Beklagter könne es ihm daher nicht mehr auflassen, müsse mithin die auf den Kaufpreis gezahlten 5000 Mk. zurückzahlen. Event. fordere er dieselbe Summe als das dem Beklagten gewährte Darlehn nunmehr zurück.

Beklagter hat mit Rücksicht auf seine noch schwebende Widerklage den Einwand der Rechtshängigkeit erhoben.

Ist derselbe begründet?

---

123. Der von der Klägerin wegen Zahlung von 2000 Mk. und Zinsen erhobenen Klage ist der Ehemann in der ersten mündlichen Verhandlung als Prozeßpartei beigetreten. Der Beklagte hat, wie in dem Sitzungsprotokolle vermerkt ist, dem Beitritt widersprochen. Demnächst hat er über für Rechnung der Klägerin geleistete Zahlungen dem Ehemann den Eid zugeschoben, dessen Abnahme beschlossen wurde. Nach Ableistung des Eides ist der Beklagte verurtheilt.

In der Berufungsinstanz hat auf Befragen des Vorsitzenden der Vertreter des Beklagten erklärt, er halte den Widerspruch gegen die Zulassung des Ehemanns als Mitkläger aufrecht. — Die Berufung ist trotzdem zurückgewiesen in der Erwägung, daß Beklagter sein Rügerecht bereits in erster Instanz verloren habe, weil er es unterlassen habe, seinen Widerspruch in der letzten, der Urtheilsfällung vorhergehenden, allein maßgebenden Verhandlung zu wiederholen.

Beklagter wünscht zu wissen, ob er mit Aussicht auf Erfolg Revision einlegen kann.

---

124. Beklagter hat Berufung eingelegt gegen das ihn zur Zahlung von 10000 Mk. und Zinsen verurtheilende Urtheil erster Instanz.

Nachdem diese Berufung durch Versäumnißurtheil verworfen war, ist einige Tage später über sein Vermögen Konkurs eröffnet worden.

In dem Konkursverfahren hat Kläger seine Judicatforderung angemeldet. Dieselbe wurde im Prüfungstermin bestritten, sowohl vom Gemeinschuldner selbst als von dessen Ehefrau als Konkursgläubigerin. Letztere hat dann, den Rechtsstreit gegen Kläger aufnehmend, gegen das Versäumnißurtheil Einspruch eingelegt.

Einige Zeit später, während die Verhandlung über den Einspruch noch schwebte, hat Kläger gegen den beklagten Gemeinschuldner das Verfahren aufgenommen; demnächst auch Beklagter dem Kläger einen Schriftsatz zustellen lassen, in dem er seinerseits das Verfahren aufnimmt und Einspruch gegen das Versäumnißurtheil einlegend beantragt: unter Aufhebung desselben seiner Berufung stattzugeben, und den Kläger zur Verhandlung über diese Anträge ladet.

In dem Termin wurde durch Anordnung des Gerichts die Verhandlung beschränkt auf die Frage der Gültigkeit der beiderseits erklärten Aufnahme des Verfahrens und des Einspruchs. Waren sie zulässig oder nicht?

---

125. Die Deutsche Gasglühactiengesellschaft zu B. hat gegen das Gaswerk zu L., vertreten durch den Director N., Klage erhoben. — Der Rechtsanwalt R. hat Namens des Beklagten die prozeßhindernde Einrede der mangelnden Parteifähigkeit erhoben, weil das Gaswerk kein Rechtssubject sei, sondern nur eine Abtheilung der Actiengesellschaft für Gas und Electricität zu K. Director N. sei Angestellter dieser Gesellschaft.

Zu seiner Legitimation legte Rechtsanwalt R. beglaubigte Vollmacht des Directors N. vor, versehen mit dem polizeilichen Atteste, daß der Unterzeichner Director des der bezeichneten Gesellschaft zu K. gehörigen Gaswerks sei.

Nunmehr richtete Klägerin die Klage gegen die Gas- und Electricitätsgesellschaft zu K. zu Händen des Rechtsanwalts R. — Im Verhandlungstermin erschien für diese Gesellschaft Rechtsanwalt F. und erklärte die Hereinziehung der Gesellschaft in den gegen das Gaswerk angestellten Prozeß für unstatthaft. Das Gericht erließ indessen Beweisbeschluß und beschloß gleichzeitig, den Rechtsanwalt R. als Vertreter des Gaswerkes nicht zuzulassen, weil dieses nicht parteifähig sei.

Dagegen ist Beschwerde erhoben. Es fragt sich, ob sie begründet ist.

126. A. hat den Bankier B. klagend in Anspruch genommen wegen Bezahlung von 1500 Mk. und Zinsen für zu einem Neubau gelieferte Schlosserarbeiten. Er hatte die Arbeiten auf Bestellung des Bauunternehmers U. geliefert, welcher seinerseits mit B. einen Baugeldervertrag über 200000 Mk. geschlossen hat, zahlbar an U. je nach dem Fortschreiten des Baues in acht bestimmten Raten.

In der Klage wird die Zahlungspflicht des B. zunächst daraus hergeleitet, daß derselbe dem Kläger versprochen habe, für Bezahlung der von U. bestellten Arbeiten aufzukommen, er übrigens auch als der eigentliche Bauherr aus der nützlichen Verwendung hafte. Eventuell aber wird die Klage auch noch auf den Baugeldervertrag und auf eine Cessionsurkunde gegründet, laut welcher U. dem Kläger von der kürzlich fällig gewordenen siebenten Baugelderrate 1500 Mk. abgetreten hat.

Die Civilkammer des Landgerichts hat im Namen des Königs dahin erkannt:

> der Anspruch des Klägers ist nicht gerechtfertigt, soweit er sich stützt auf ein vom Beklagten gegebenes Zahlungsversprechen bezw. auf nützliche Verwendung in den Bau.

Gegen dieses Urtheil hat Kläger Berufung eingelegt. Es fragt sich, ob diese zulässig ist.

---

127. Nachdem die Sachverständigen in dem dazu anberaumten Termine in Gegenwart der Parteivertreter vernommen worden, beantragte der klägerische Anwalt auch noch den von ihm zur Stelle gebrachten Sachverständigen S. zu vernehmen. Der Anwalt des Beklagten widersprach; der Gerichtshof lehnte die Vernehmung ab. Darauf beantragte der klägerische Anwalt Vertagung der weiteren Verhandlung behufs Rücksprache mit seinem Mandanten, welche nöthig sei, um nach Mittheilung der heute abgegebenen Gutachten dieselben zu widerlegen.

Indessen auch dieser Antrag wurde auf Widerspruch der Gegenpartei vom Gerichtshofe abgelehnt, worauf der klägerische Vertreter sich entfernte mit der Erklärung: er wolle zur Sache nicht verhandeln, überlasse es vielmehr dem Gegner, Versäumnißurtheil zu beantragen. Letzterer hat darauf seinen Antrag auf Abweisung der Klage wiederholt.

Es fragt sich, ob ein Versäumnißurtheil, oder ein contradictorisches Urtheil zu erlassen ist.

---

128. Es fragt sich, wie ist in folgenden Fällen zu verfahren?

I. Kläger hatte gegen den ausgebliebenen Beklagten Versäumnißurtheil beantragt, welches dahin erlassen ist, daß die Klage als unbegründet abgewiesen wird.

Nachdem Kläger gegen diese Entscheidung Berufung eingelegt hat, legt der Verklagte seinerseits gegen das Versäumnißurtheil Einspruch ein, mit dem Bemerken, daß er nunmehr die thatsächlichen Anführungen der Klage bestreite, wozu er durch die vom Kläger eingelegte Berufung genöthigt sei.

II. Der durch Versäumnißurtheil verurtheilte Beklagte hat durch seinen Anwalt bei Gericht zum Zweck der Terminsbestimmung Einspruchsschriftsatz mit Ladung des Gegners zur anderweitigen Verhandlung über die Hauptsache eingereicht. Bald darauf, nach Ablauf der Einspruchsfrist, erbat Kläger vollstreckbare Ausfertigung des Versäumnißurtheils, deren Ertheilung jedoch abgelehnt wurde mit Rücksicht auf den zur anderweitigen Verhandlung anberaumten Termin.

In diesem Termine ist Beklagter ausgeblieben; dagegen hat der erschienene Anwalt des Klägers Verwerfung des Einspruchs beantragt mit dem Bemerken, die Einspruchsschrift sei gar nicht zugestellt worden.

---

129. Die Invaliden- und Wittwenkasse der Maschinenfabrik H. & Sohn zu Cassel hat laut Statut den Zweck, ihren Mitgliedern, welche invalide oder durch Alter für immer arbeitsunfähig werden, sowie den Wittwen sämmtlicher Mitglieder ein näher bestimmtes Invaliden- und Wittwengeld zu gewähren. Mitglieder der Kasse sind die in der Fabrik von H. & Sohn zu Cassel zur Arbeit angenommenen Meister und Arbeiter. Die zu obigem Zweck erforderlichen Mittel werden durch ständige Beiträge der Mitglieder und durch Eintrittsgelder neu hinzutretender Mitglieder beschafft. Die Mitglieder wählen einen Theil derjenigen Personen, aus welchen nach § 16 die Direction besteht; die übrigen werden von dem Fabrikherrn Kommerzienrath H., der zugleich Vorsitzender der Direction ist, ernannt.

Die Kasse ist von einem Mitgliede wegen Gewährung von Invalidengeld in Anspruch genommen. Sie hat, vertreten durch den Vorsitzenden der Direction, den Einwand der mangelnden Parteifähigkeit, sowie den Einwand der Unzulässigkeit des Rechtsweges erhoben, Letzteres auf Grund des § 22 des Statuts, welcher sagt:

„Alle Streitigkeiten werden durch die Direction geschlichtet unter Hinzuziehung der acht Ersatzmänner, und ist jeder Rechtsweg somit ausgeschlossen."

Kläger entgegnet, die Parteifähigkeit derartiger Unterstützungskassen könne nach heutiger Praxis keinem Zweifel unterliegen. Der § 22 des Status aber sei nichtig; denn es könne Niemand in eigener Sache Richter sein. Dabei verweist er auf § 16 des Statuts, nach welchem Meister und Arbeiter zur Direction gehören und unter die acht Ersatzmänner gewählt werden können.

Wie ist zu entscheiden?

---

130. Der Kläger hatte sein Grundstück nebst Inventar dem Beklagten verkauft und aufgelassen. In Anrechnung auf den Kaufpreis hatte Beklagter Hypothekenschulden übernommen. Demnächst ist Kläger wegen Geisteskrankheit entmündigt. Der ihm bestellte Vormund ficht den Kaufvertrag an, weil Kläger schon bei Abschluß desselben blödsinnig gewesen sei. Der Klageantrag ist dahin gerichtet: den Beklagten zu verurtheilen, die rechtliche Unwirksamkeit des Kaufvertrages und der Auflassung des Grundstücks anzuerkennen, auch das Grundstück mit dem (näher bezeichneten) todten und lebenden Inventar an den Kläger mit den Pflichten eines unredlichen Besitzers herauszugeben und aufzulassen. Der Beklagte hat die Behauptungen der Klage bestritten und event. Gegenansprüche geltend gemacht, nicht nur auf Erstattung einer von ihm gemachten Kaufpreiszahlung von 10,000 Mk., sondern auch auf Kostenersatz für von ihm neu aufgeführte Gebäude und für Vermehrung des Inventars. Die Parteien streiten darüber, inwiefern die neuen Gebäude nothwendig gewesen und das jetzt vorhandene Inventar neu angeschafft worden ist.

Ohne auf diese Streitfragen einzugehen, hat das Landgericht den Beklagten verurtheilt: die Unwirksamkeit des Vertrages anzuerkennen, dem Kläger das Grundstück mit dem ihm überlassenen todten und lebenden Inventar zurückzugeben und aufzulassen, und zwar mit den Rechten und Pflichten eines redlichen Besitzers. Von den Gegenforderungen des Beklagten ist in den Entscheidungsgründen nicht die Rede. Es ist nur gesagt: Es brauche in diesem Prozesse nicht festgestellt zu werden, mit welchen Inventarienstücken Beklagter zurückzugewähren habe; die Entscheidung darüber bleibe dem etwaigen späteren Verfahren über den Umfang der Rückgewähr vorbehalten.

Beklagter wünscht zu wissen, ob ein derartiges Verfahren zulässig sei oder ob er mit Aussicht auf Erfolg Berufung einlegen könne.

---

131. Kläger beansprucht vom Beklagten für ein von diesem bei ihm bestelltes Paar silberplattirte Pferdegeschirre, da eine Preisverabredung nicht stattgefunden habe, den angemessenen Betrag von 500 Mk.

Beklagter beantragt Abweisung der Klage, denn er habe das Geschirr beim Kläger erst bestellt, nachdem dieser erklärt hatte, das complette Geschirr werde 300 Mk. kosten, oder vielleicht eine Kleinigkeit mehr.

Beide Parteien haben sich zum Beweise ihrer Behauptungen gegenseitig den Eid zugeschoben. Die zugeschobenen Eide sind auch beiderseits angenommen. Kläger hält aber den Einwand für unerheblich, denn eine Preisabrede ergebe sich daraus nicht. Jedenfalls treffe den Beklagten die Beweislast.

Wie ist zu entscheiden?

---

132. Die wegen Körperverletzung angestellte Klage auf Schadenersatz ist abgewiesen; denn es sei zwar festgestellt, daß Verklagter dem Kläger vorsätzlich mit einem Stocke einen Schlag über den Kopf versetzt habe, jedoch vom Kläger der diesem obliegende Beweis eines schuldhaften Verhaltens des Beklagten nicht geführt, weil als wahrscheinlich anzunehmen sei, daß Beklagter im Stande der Nothwehr gehandelt habe.

Ist diese Entscheidung gerechtfertigt?

---

133. Die Wittwe A. hat, nachdem sie bei der Schulden halber nothwendigen Subhastation eines Grundstückes mit

der für sie auf demselben haftenden Hypothek von 3000 Mk. ausgefallen, ihren Anwalt Dr. B. auf Schadenersatz verklagt. Die Klage gründet sich darauf, daß Beklagter die Anfrage der Klägerin, wann im Subhastationsverfahren der Verkaufstermin anstehe? unbeantwortet gelassen und sie in Folge dessen von dem erfolgten Verkaufe des Pfandgrundstücks erst nachträglich Kenntniß erhalten habe. Andernfalls würde sie entweder ihre Hypothek ausgeboten oder das Grundstück erstanden und in beiden Fällen ihre Hypothek gerettet haben. In dieser Beziehung wurde hervorgehoben, daß schon die Feuerkasse 37 500 Mk. betrage, der Ersteher aber, für welchen 2000 Mk. hinter der Hypothek der Klägerin eingetragen waren, den Zuschlag für ein Meistgebot von 26 000 Mk. erhalten habe.

Beklagter hat Abweisung beantragt.

Die Klage ist abgewiesen, weil der Anspruch nicht genügend begründet sei. Allerdings habe Beklagter pflichtwidrig gehandelt und die Rettung der Hypothek durch sein Verschulden der Klägerin unmöglich gemacht. Andrerseits aber hätte doch der Schaden nur vermieden werden können, wenn entweder Klägerin bei einem Weiterverkaufe einen ihre Hypothek umfassenden Preis erzielte, oder der wirkliche Werth des Grundstücks, falls sie es behielt, ihr ein Aequivalent gewährte, oder die Post von einem Dritten ausgeboten worden wäre. Die Klägerin aber habe keine dieser drei Alternativen bestimmt behauptet, geschweige unter Beweis gestellt, weshalb die Klage abzuweisen sei.

Es fragt sich, ob die Entscheidung gerechtfertigt ist.

---

134. In der Berufungsinstanz haben mehrere Termine zur Beweisaufnahme und mündlichen Verhandlung angestanden, namentlich hat auch Zeugenvernehmung vor dem Prozeßgericht stattgefunden. Demnächst ist auf Abweisung der Klage erkannt, jedoch vom Kläger wegen prozessualischer Verstöße Revision eingelegt. In dem Protokoll über die frühere Verhandlung vor dem Berufungsgericht ist nämlich gesagt, die Vernehmung der Zeugen habe stattgefunden. Das Protokoll über den spätern Termin zur fortgesetzten mündlichen Verhandlung lautet dahin: „Die Parteien verhandelten mündlich zur Sache, demnächst fand die (näher bezeichnete) Beweisaufnahme statt.“ — In diesem letztern Termine, in welchem das Richtercollegium zum Theil anders besetzt war, ist das Urtheil ergangen.

Revisionskläger hält das Verfahren für nichtig, weil die Protokollirung der Zeugenaussagen unterblieben sei; ferner weil Inhalts des letzten Protokolls mündliche Verhandlung über das Ergebniß der Beweisaufnahme gar nicht stattgefunden habe.

Ist dies begründet?

---

135. Der Bauunternehmer B. hat beim Eintritt in den von seinem Collegen C. bezüglich eines Eisenbahnbaues geschlossenen Entreprisevertrag die Verbindlichkeiten des C. übernommen, welcher u. A. dem Fabrikanten F. für zu diesem Bau gemachte Lieferungen 3000 Mk. schuldig war. Auf Mahnung des F. hatte B. erklärt, er bezahle dessen Rechnung mit 70 %.

Hinterher hat B. die Zahlung, weil die Lieferungen mangelhaft gewesen seien, verweigert und darauf F. auf Zahlung von 2100 Mk. Klage erhoben, in welcher er unter Eidesdelation behauptete, er habe, ehe Verklagter obige Erklärung abgab, demselben entsprechende Rechnung mit der Aufforderung, sie zu bezahlen, übergeben gehabt. Nachdem das Landgericht die Abnahme dieses Eides durch Beweisbeschluß angeordnet, ist im Termin zur Eidesleistung nur der Anwalt des B. erschienen und hat erklärt, Beklagter verweigere den Eid als unerheblich.

Daraufhin ist B. verurtheilt, hat aber Berufung eingelegt und die Anordnung der Eidesabnahme durch Beweisbeschluß für ungesetzlich erklärt. Er verlangt, daß unter Aufhebung des ersten Urtheils der Eid zum Erkenntnisse gestellt werde, und erklärt sich nunmehr bereit, den Eid zu leisten.

Wird die Berufung Erfolg haben?

---

136. I. Der Professor Dr. K. von der Berliner Universität ist vom Beklagten als Zeuge darüber benannt, daß er vom Kläger behufs Erstattung eines diesem gelieferten Rechtsgutachtens über eine bestimmte Thatsache instruirt worden sei.

Er hat sein Zeugniß verweigert unter Bezugnahme auf § 383 Ziff. 5 C.P.O. und mit dem Bemerken, er widme einen großen Theil seiner Arbeitskraft der Abgabe solcher Gutachten, besitze in dieser Beziehung eine ausgebreitete Praxis und beziehe davon erhebliche Einnahmen.

Beklagter erklärt die Weigerung für unbegründet, weil keine der Voraussetzungen § 383 Ziff. 5 vorliegen. Namentlich sei die begutachtende Thätigkeit kein Gewerbe und könne man auch nicht sagen, daß die Mitglieder der juristischen Fakultät oder die Universitätslehrer überhaupt einen besonderen Stand bilden.

Wer ist im Rechte?

II. Der zu seiner Vernehmung vor dem ersuchten Richter vorgeladene Zeuge hat vor dem Termine schriftlich angezeigt, daß und aus welchen Gründen er sein Zeugniß verweigere. — Demnächst sind zur Verhandlung über die Rechtmäßigkeit der Weigerung die Parteien als solche, der Zeuge als Zeuge geladen. Da Letzterer im Termine ausblieb, so ist durch Zwischenurtheil seine Weigerung verworfen.

Gegen dieses Urtheil hat der Zeuge sofortige Beschwerde deshalb eingelegt, weil er zur Verhandlung über den Zwischenstreit nicht richtig, das heißt, nicht als Partei geladen sei. Als Zeuge zu erscheinen, sei er nicht verpflichtet gewesen.

In dem Zwischenurtheil ist gesagt: die Ladung als Zeuge sei zwar nicht in Ordnung; indessen sei dieser Mangel dadurch geheilt, daß Zeuge in der Beschwerdeinstanz Gelegenheit habe, vorzubringen, was etwa noch zur Begründung seiner Weigerung geltend zu machen sei.

Es fragt sich, ob dies richtig und wie zu entscheiden ist.

---

137. Der Gemeinschuldner hat an die beklagte Bank einen Wechsel begeben und Zahlung darauf geleistet. Beide Handlungen sind vom Konkursverwalter angefochten, weil sie nach der Zahlungseinstellung erfolgt seien.

Im Urtheil ist die Entscheidung von einem Eide abhängig gemacht, welchen die beiden Vorstandsmitglieder der Bank G. und K. dahin leisten sollen:

„daß sie bei Begebung des Wechsels und bei der seitens des Gemeinschuldners an die Bank erfolgten Zahlung weder von dessen schlechter Vermögenslage Kenntniß gehabt noch gewußt hätten, daß der Gemeinschuldner andrängende Gläubiger nicht bezahlt habe."

Dieses Urtheil ist rechtskräftig geworden. Demnächst hat sich aber vor der Eidesleistung herausgestellt, daß K. erst zu einer späteren Zeit zum Vorstandsmitgliede gewählt worden war. — K. hat sich erboten den Eid in der Ueberzeugungsform zu leisten. Dem hat Kläger mit der Erklärung widersprochen, daß er anderweitigen Beweis nicht antreten wolle.

Wie ist nunmehr zu verfahren?

---

138. Die Entscheidung war im Urtheil von einem Eide des Beklagten abhängig gemacht, Letzterer aber in dem zur Eidesleistung anberaumten Termin nicht erschienen. Der erschienene Anwalt des Beklagten zeigte an, der Aufenthalt des Letzteren sei ihm unbekannt. Er beantragte, ihm zur Ermittelung drei Monate Frist zu bewilligen. Der Antrag wurde abgelehnt, dagegen neuer Termin zur Eidesleistung und Läuterung des Urtheils anberaumt, in welchem außer dem Anwalt des Beklagten auch der diesem inzwischen vom Amtsgericht bestellte Abwesenheitspfleger erschienen ist und beantragt wurde, nunmehr auf einen Erfüllungseid für den Pfleger zu erkennen.

Statt dessen ist der zum Erkenntniß gestellte Eid für verweigert erachtet und das Urtheil demgemäß für den Nichtschwörungsfall geläutert.

War dies gerechtfertigt?

---

139. Kläger war Arbeiter in einer Brauerei zu M. Er pflegte nach Feierabend vermittelst der Lokalbahn nach seiner Wohnung im Vororte F. zurückzukehren. Eines Abends ist er im Begriffe den Zug zu besteigen, zu Boden gestürzt und derart überfahren worden, daß ihm das linke Bein abgenommen werden mußte.

Mit der Behauptung, völlig erwerbsunfähig geworden zu sein, hat er gegen die Dampfbahngesellschaft Klage erhoben, auf Gewährung einer Rente von 840 Mark jährlich.

Das Landgericht hat nach Beweiserhebung die Entscheidung von einem vom Kläger zu leistenden Eid abhängig gemacht des Inhalts, daß Kläger nicht — wie Beklagter behauptet hatte — es unternommen habe einzusteigen, während der Zug bereits in Bewegung war.

Die Beklagte hat Berufung eingelegt und Abweisung der Klage beantragt — Kläger beantragte seinerseits Zurückweisung der Berufung. Dabei bemerkte er, seines Erachtens hätte zwar unbedingte Verurtheilung ausgesprochen werden sollen. Da er indessen den Eid mit gutem Gewissen leisten könne, so verzichte er darauf, sich der Berufung der Beklagten anzuschließen.

Das Oberlandesgericht hat darauf ohne weitere Beweisaufnahme dahin erkannt, daß auf die Berufung der Beklagten das erste Urtheil mit der Maßnahme zu bestätigen, daß die Beklagte unbedingt verurtheilt werde, dem Kläger jährlich 840 Mk. Rente vom 1. October ab, vorauszahlbar — in Monatsraten von je 70 Mk., das Fällige sofort — zu zahlen und die Kosten der Beklagten zur Last zu legen.

Zur Begründung des Urtheils ist unter Bezugnahme auf §§ 446, 475 C.P.O. ausgeführt:

> Der richterliche Eid sei kein Beweismittel, auf dessen Erhebung die Parteien Anspruch hätten, sondern nur Mittel zur Befestigung richterlicher Ueberzeugung. Nach Auffassung des Berufungsgerichts sei die durch den Eid zu erlangende Ueberzeugung ohnehin vorhanden. Unter diesen Umständen sei es zulässig oder vielmehr geboten gewesen, den überflüssigen Eid zu beseitigen — ohne Rücksicht darauf, ob der Schwurpflichtige ein Rechtsmittel eingelegt habe.

Ist die Entscheidung richtig?

III. Drittes und viertes Buch.

Rechtsmittel. Wiederaufnahme des Verfahrens.

140. Kläger hatte beantragt, den Beklagten zu verurtheilen: in die Aufhebung eines zwischen den Parteien geschlossenen Vertrages zu willigen.

In erster Instanz abgewiesen, hat er frist= und formgerecht Berufung eingelegt mit der Erklärung, daß er das erste Urtheil seinem ganzen Inhalte nach anfechte. Demnächst reichte er noch einen die Begründung seiner Berufung enthaltenden vorbreitenden Schriftsatz ein, dessen Schlußsatz lautete: Ich werde beantragen, unter Abänderung des Urtheils erster Instanz nach dem Klagantrage zu erkennen und dem Beklagten die Kosten beider Instanzen aufzuerlegen.

Als dann aber der Termin zur mündlichen Verhandlung anstand, war inzwischen der oben erwähnte Vertrag abgelaufen, weshalb Berufungskläger den angekündigten Antrag dahin abänderte:

Unter Abänderung des ersten Urtheils
a) den Klageanspruch für erledigt zu erklären,
b) dem Beklagten die Kosten beider Instanzen zur Last zu legen.

Berufungsbeklagter hat beantragt: die Berufung als unzulässig zu verwerfen, weil nur noch die Kosten streitig seien.

---

141. Nachdem der Rechtsstreit im Uebrigen seine Erledigung gefunden, hat das Gericht erster Instanz den Anspruch des Klägers auf noch streitige 5 Mk. Zinsen abgewiesen und dem Kläger die ganzen Kosten der ersten Instanz zur Last gelegt.

Kläger legte Berufung ein mit dem Antrage: den Beklagten zur Zahlung der 5 Mk. und in die Kosten zu verurtheilen.

Beklagter hielt die Berufung deshalb für unzulässig, weil er die 5 Mk. schon vor Einlegung des Rechtsmittels bezahlt habe, was vom Kläger bestritten wurde.

Das Berufungsgericht hat, indem es die Verhandlung auf die Frage der Zulässigkeit der Berufung beschränkte, über die behauptete Bezahlung der 5 Mk. Beweis erhoben, dieselbe für erwiesen angenommen und die Berufung als unzulässig verworfen.

Kläger hat gegen dieses Urtheil Revision eingelegt.

Es fragt sich, ob dieselbe zulässig und ob sie begründet ist.

---

142. Kläger hatte seine in Berlin gelegenen Häuser dem Beklagten in Tausch gegeben gegen ein diesem gehöriges Rittergut, behauptete vom Beklagten durch wissentlich falsche

Angaben zum Abschlusse verleitet und in Höhe von 50000 Mk. geschädigt zu sein.

Da der Erfolg zweifelhaft, klagt er vorerst nur auf Zahlung von 5000 Mk. Beklagter hat den vom Kläger behaupteten Betrug bestritten und erklärt, eventuell rechne er auf mit verschiedenen Gegenforderungen. Letztere wurden vom Kläger in Höhe von 5000 Mk. anerkannt.

Der erste Richter hat den behaupteten Betrug für erwiesen erachtet, aber auf Abweisung der Klage erkannt, mit Rücksicht auf die in Höhe von 5000 Mk. liquide Gegenforderung.

Gegen dieses Urtheil hat Beklagter Berufung eingelegt. Ist dieselbe zulässig? —

Wie wäre es, wenn die Abweisung wegen der Gegenforderung ohne Weiteres erfolgt wäre, in der Erwägung: da Kläger jedenfalls abzuweisen sei, bedürfe es keiner Prüfung, ob sein Anspruch an sich begründet sein würde oder nicht?

---

143. Kläger ist in des Beklagten Mühle bei Benutzung des Fahrstuhls dadurch, daß das schadhafte Seil riß, derart verunglückt, daß ihm beide Beine abgenommen werden mußten. Seine auf Zahlung einer lebenslänglichen Rente von täglich 2 Mk. gerichtete Klage ist nach Beweiserhebung in erster Instanz abgewiesen.

In der Klage hatte er unter Berufung auf sachverständiges Gutachten des praktischen Arztes Dr. M. behauptet, er sei dauernd erwerbsunfähig. Dieser Beweisantritt ist im Thatbestande des Urtheils weggelassen. Es ist dort nur gesagt: Beklagter bestreitet die behauptete Erwerbsunfähigkeit und erklärt jedenfalls den Anspruch für viel zu hoch. Kläger könne sich, wie Sachverständige bestätigen werden, den vollen Lebensunterhalt, event. wenigstens die Hälfte, immer noch in sitzender Beschäftigung verdienen.

Kläger hat Berufung eingelegt. In der dem Beklagten zugestellten Berufungsschrift ist — ohne Wiederholung des Beweisantrittes erster Instanz — lediglich beantragt: den Beklagten unter Abänderung des ersten Urtheils nach dem Klagantrage zu verurtheilen.

In der Berufungsinstanz ist beschlossen, die Verhandlung auf den Grund des Anspruchs zu beschränken. Nach Verhandlung hierüber ist Beweisbeschluß erlassen. In einem späteren zur fortgesetzten mündlichen Verhandlung anberaumten Termin erschien trotz ordnungsmäßiger Ladung für den Beklagten Niemand. Kläger trug nunmehr vor: die Beweisverhandlungen und das Urtheil erster Instanz, den Inhalt seiner Berufungsschrift und indem er sich hinsichtlich der Höhe seines Anspruchs auf sachverständiges Gutachten unter Bezugnahme auf den Beweisantritt in der Klage berief, beantragte er:

durch Versäumnißurtheil den Beklagten nach dem Antrage zu verurtheilen, event. wenigstens den Grund des Anspruchs für gerechtfertigt zu erachten.

Das Berufungsgericht hat den Antrag abgewiesen, wogegen sofortige Beschwerde eingelegt ist.

Es fragt sich: ist diese Beschwerde zulässig und ist sie gerechtfertigt?

---

144. Nachdem durch rechtskräftige Entscheidung die Verpflichtung des Fiscus zur Räumung eines Privatflusses festgestellt worden, hat der zuständige Amtsvorsteher die Räumung dem Fiscus zu Händen der ihn vertretenden Königlichen Regierung aufgegeben.

Demnächst hat A. gegen den Fiscus Klage erhoben auf Zahlung von 1400 Mk. als Betrag des Schadens, welcher ihm durch Ueberschwemmung seiner Wiesen in Folge nicht ordnungsmäßiger Räumung seitens des Fiscus verursacht sei.

Fiscus hat u. A. eingewendet, es handle sich um ein Versehen vom Staatsbeamten, für welches der Beklagte nicht aufzukommen habe; und zwar entweder ein Versehen der Oberförster, welche kraft Auftrages der Regierung sowie nach ihrer Dienstinstruction die Flußräumung auszuführen gehabt hätten, bezw. um ein Verschulden der Regierung, welcher die Aufsicht über die Oberförster oblag.

In der Berufungsinstanz nach dem Antrage verurtheilt, hat Fiscus Revision eingelegt.

Es fragt sich, ob dieselbe zulässig ist.

---

145. Das landesherrlich bestätigte Statut der M. Feuerversicherungs-Gesellschaft bestimmt in § 15, daß über Einwendungen der Beschädigten gegen die Abschätzung oder

die Höhe des Schadens das Directorium der Gesellschaft unter Ausschluß des Rechtsweges zu entscheiden hat. Sein Ausspruch gilt als rechtsverbindlicher Schiedsspruch vorbehaltlich der Berufung an die Generalversammlung. Nach § 26 des Statuts verliert der Versicherte seinen Entschädigungsanspruch, wenn er erwiesenermaßen den Schaden absichtlich oder durch grobe Fahrlässigkeit veranlaßt hat.

Kläger ist Mitglied der Gesellschaft und hat einen von den Taxatoren auf 1200 Mk. festgestellten Brandschaden erlitten. Das Directorium hat ihm indessen mitgetheilt, es habe die Entschädigung auf die Hälfte herabgesetzt, weil nach den eigenen Angaben des Klägers anzunehmen, daß der Schaden durch unterbliebene Reinigung des Schornsteins, mithin durch sein eigenes grobes Versehen entstanden sei.

Die auf Zahlung der ganzen Summe gerichtete Klage ist in zwei Instanzen abgewiesen. Gegen das die Berufung zurückweisende Urtheil des Oberlandesgerichts hat Kläger noch Revision eingelegt und sie wie folgt begründet:

1) Zur Entscheidung über den Verlust des Anspruchs sei das Directorium nach Inhalt des Statuts nicht befugt; die gegentheilige Annahme des Berufungsrichters sei in keiner Weise gerechtfertigt.
2) Das Directorium sei Organ einer Privatgesellschaft. Einem solchen aber könne nach der Gerichtsverfassung die Entscheidung von bürgerlichen Rechtsstreitigkeiten nicht übertragen werden. Endlich
3) seien Directorium und Generalversammlung in dieser Sache selbst Partei bezw. Parteivertreter und auch aus diesem Grunde von der Ausübung des Richteramts ausgeschlossen.

Es fragt sich, ob und inwieweit diese Angriffe Erfolg versprechen.

---

146. Nachdem am 17. Januar dem Proceßvertreter des Beklagten ein vom Kläger extrahirter Kostenfestsetzungsbeschluß zugestellt worden, ist am 22. Januar beim Landgericht ein eine Beschwerde über jenen Beschluß enthaltendes Schriftstück eingegangen, welches oben am Kopfe die Firma des Rechtsanwalts in Stempelabdruck zeigte, aber nur mit

„der Rechtsanwalt“ — ohne Namenszeichnung — unterschrieben war.

Der Vorsitzende der Civilkammer hat die Beschwerde mittelst Verfügung vom 5. Februar — unter Hinweis auf die fehlende Unterschrift — dem Oberlandesgericht überreicht, bei welchem sie am 9. Februar einging und auf Beschluß vom 13. Februar dem Rechtsanwalt S. zurückgegeben wurde mit dem Anheimstellen, sie zu vollziehen.

Am 20. Februar ist dann die Beschwerde mit der Unterschrift versehen dem Oberlandesgericht wieder eingereicht und nunmehr als unzulässig wegen Fristablaufs verworfen, da das am 22. Januar beim Landgericht eingegangene Schriftstück wegen fehlender Unterschrift als Beschwerde nicht angesehen werden könne.

Ist dies gerechtfertigt?

---

147. In einem Regreßprocesse des Bürgen B. gegen den Hauptschuldner A., für welchen er bezahlt hatte, waren laut Sitzungsprotokoll über die erste mündliche Verhandlung für A. Rechtsanwalt F., für B. Rechtsanwalt G. erschienen und hatten vor Eintritt in die Verhandlung Anberaumung eines neuen Verhandlungstermins beantragt. In diesem Termin ist für den Beklagten A. Niemand erschienen, daher auf Antrag des klägerischen Anwals G. Versäumnißurtheil ergangen und dem Rechtsanwalt F. zugestellt, welcher, wie sich demnächst herausgestellt hat, von A. weder Auftrag noch Vollmacht gehabt hatte, ihn zu vertreten.

Nach Ablauf der Einspruchsfrist ist das Versäumnißurtheil auch dem A. persönlich zugestellt, dabei gleichzeitig durch Pfändung gegen ihn vollstreckt worden.

Nunmehr hat A. gegen das Versäumnißurtheil Nichtigkeitsklage erhoben, weil er in dem Verfahren nicht vertreten gewesen sei. Beklagter hält die Klage für unzulässig, denn zum ersten Verhandlungstermin sei Kläger geladen gewesen; einer Ladung zum zweiten Termine habe es nicht bedurft. Endlich aber hätte Kläger nach erfolgter Zustellung des Versäumnißurtheils an ihn selbst Einspruch einlegen können und sollen.

Wie ist zu entscheiden?

---

148. Der Ehemann A. hat, nachdem er mit seiner Ehescheidungsklage rechtskräftig abgewiesen war, wegen Verletzung der Eidespflicht Restitutionsklage erhoben und dieselbe rechtzeitig der beklagten Ehefrau A. zustellen lassen.

Die Klage ist aber vor Verhandlung über die Hauptsache als unzulässig verworfen, weil die Zustellung hätte an den der Ehefrau für den Ehescheidungsprozeß als Armenanwalt beigeordnet gewesenen Rechtsanwalt J. erfolgen sollen.

Dagegen hat A. Berufung eingelegt, in welcher er nunmehr von dem Vertreter der Beklagten den Nachweis verlangte, daß J. zu der Zeit, als die Zustellung der Restitutionsklage erfolgte, von der Beklagten Vollmacht gehabt habe.

Wird die Berufung Erfolg haben?

---

149. Die Kläger haben als gesetzliche Erben der verstorbenen Ehefrau des Beklagten gegen Letzteren Klage dahin erhoben, daß er schuldig sei, 20000 Mk. zur Gütergemeinschaft zu conferiren. Sie behaupten mindestens soviel sei beim Tode der Erblasserin in baarem Gelde vorhanden gewesen.

Die Klage wurde indessen abgewiesen, nachdem Beklagter den zum Erkenntnisse gestellten Eid dahin abgeleistet hatte:

> daß er keinerlei zum Vermögen der Frau oder zu der zwischen ihnen beiden bestandenen Gütergemeinschaft gehörige Geldbeträge bei oder nach dem Tode der Frau bei Seite gebracht oder verheimlicht habe.

Demnächst ist jedoch Beklagter im Strafverfahren wegen Unterschlagung und Meineides zu einer Zuchthausstrafe verurtheilt und Kläger haben nunmehr Restitutionsklage erhoben mit dem Antrage: das frühere abweisende Läuterungsurtheil, event. auch das bedingte Endurtheil aufzuheben und den Beklagten nach dem ursprünglichen Antrage zu verurtheilen. Sie sind der Ansicht, der vom Beklagten geleistete Eid sei als ein untheilbares Ganze zu betrachten und müsse als im Ganzen verweigert gelten, jedenfalls solange Beklagter nicht nachweise, daß er die Eidespflicht nur bezüglich eines bestimmten Minderbetrages verletzt habe; — wogegen Beklagter verlangt, daß die Hauptsache nunmehr im ganzen Umfange erörtert werde und sich — unter Berufung auf die Strafacten — erbietet, zu beschwören, daß er nicht mehr als 5000 Mk. sich angeeignet habe.

Wer ist im Rechte?

IV. Achtes Buch.

Zwangsvollstreckung. Arrest. Einstweilige Verfügung.

150. I. Nach Verurtheilung des B. zur Zahlung von 1000 Mk.. und Zinsen an A. hat C. als angeblicher Rechtsnachfolger des Klägers A. vollstreckbare Ausfertigung wegen jener Summe für sich nachgesucht. Dieselbe ist aber auf Anordnung des Vorsitzenden nur in Höhe von 250 Mk. ertheilt, weil nur insoweit die Rechtsnachfolge durch öffentlich beglaubigte Urkunden nachgewiesen sei.

C. hat darauf gegen die Anordnung des Vorsitzenden sofortige Beschwerde beim Oberlandesgericht erhoben.

War dies zulässig?

II. A. hat auf Grund eines vor mehreren Jahren gegen seinen Schuldner B. erstrittenen Urtheils, nachdem dieser vor Beginn der Zwangsvollstreckung verstorben, nunmehr Klage angestellt auf Ertheilung des Vollstreckungsurtheils gegen die Erben des Schuldners. Diese haben den Einwand der Zahlung erhoben, welchen jedoch Kläger für unzulässig hält, weil den Anspruch selbst betreffende Einwendungen, nach Erlaß des Vollstreckungsurtheils im Wege der Klage geltend zu machen seien.

In diesem Verfahren handle es sich nur um Feststellung der Rechtsnachfolger.

Ist dem zuzustimmen?

---

151. Wie sind die folgenden Fälle zu entscheiden?

I. Der Gerichtsvollziehr G. hatte von der ihm vom Gläubiger A. aufgetragenen Pfändung bei dem Schuldner D. Abstand genommen, weil D. ihm erklärte, er wolle sofort mit ihm auf das Amtsgericht gehen und seinen Konkurs anmelden.

Der Konkurs ist demnächst auch auf Anmeldung des D. eröffnet worden und A. hat einen Theil seiner Forderung eingebüßt, welcher gedeckt worden wäre, wenn G. die Pfändung vollstreckt hätte. In Höhe dieses Verlustes hat A. den G., weil derselbe als Beamter sogar für geringes Versehen hafte, in Anspruch genommen. — G. wendet ein, die obige Erklärung des D. habe eine Zahlungseinstellung enthalten und seine Kenntniß von derselben gelte als Kenntniß des Klägers, seines Auftraggebers. Mithin habe letzterer durch Unterlassung der Pfändung keinen Schaden erlitten, da dieselbe im Falle ihrer Vornahme doch seitens der Gläubiger anfechtbar gewesen sein würde.

II. In einem anderen Falle hat der beauftragte Gerichtsvollzieher für A. die Pfändung vorgenommen, wiewohl der Schuldner D. ihm erklärte, er habe seine Zahlungen eingestellt. Demnächst ist Konkurs eröffnet, und gegenüber der Klage des A. auf Anerkennung seines Absonderungsrechtes ist vom Konkursverwalter die Pfändung aus § 30² KO. angefochten mit dem Bemerken, von einer Gutgläubigkeit des Klägers könne unter den obwaltenden Umständen keine Rede sein. Kläger entgegnet: das Gesetz qualificire Akte der Zwangsvollstreckung, bei denen sich der Schuldner passiv verhält, als möglicherweise fraudulose Rechtshandlungen desselben, damit erkläre es, daß der Gerichtsvollzieher solche Akte in Vertretung des gepfändeten Schuldners vornehme. Folglich könne derselbe bei der Pfändungshandlung nicht gleichzeitig den Gläubiger vertreten mit der Wirkung, daß sein Wissen diesem schade.

---

152. Bei der Verhaftung des flüchtig gewordenen F. ist eine — bei dem denselben begleitenden Handlungsgehilfen C. vorgefundene — Geldsumme von 500 Mk. als dem F. gehörig in Beschlag genommen und bei dem Amtsgerichte hinterlegt worden. Ein Gläubiger des F. hat den Gerichtsvollzieher G. beauftragt, die Geldsumme zu pfänden.

G. hat laut Pfändungsprotokoll die Pfändung in der Weise bewirkt, daß er das Amtsgericht um Aushändigung des Geldes bat; worauf das Amtsgericht erklärte, es erkenne die Pfändung zwar an, lehne aber die Herausgabe des

Geldes ab, weil F. erklärt habe, das Geld gehöre nicht ihm, sondern dem C.

Gegen diese Pfändung hat C. als Eigenthümer des deponirten Geldes Widerspruchsklage mit dem Antrage auf Freigabe erhoben unter Bezugnahme auf eine von ihm extrahirte einstweilige Verfügung, nach welcher das von der Polizeibehörde als dem F. gehörig eingelieferte Geld bis auf Weiteres im gerichtlichen Verwahrsam verbleiben und an den Gerichtsvollzieher nicht ausgezahlt werden soll; ferner C. binnen Monatsfrist den Gegner zur Verhandlung über die Rechtmäßigkeit dieser Verfügung vor das Gericht der Hauptsache zu laden habe.

Wie ist auf die Widerspruchsklage zu erkennen?

---

153. B. hatte den Gerichtsvollzieher X. beauftragt, bei V. wegen 2000 Mk. und Zinsen zu pfänden. V. war damals Vorsteher der Gemeinde A. und verwaltete als solcher das Gemeindevermögen. Der Gerichtsvollzieher führte den erhaltenen Auftrag in Abwesenheit des V. in der Weise aus, daß er den in dessen Wohnung befindlichen verschlossenen Schreibtisch öffnen ließ, aus demselben eine Summe von über 1500 Mk., bestehend aus Reichsbanknoten, Reichskassenscheinen und baarer Münze wegnahm und sie durch Postanweisung an den Gläubiger B. auszahlte.

Die Gemeinde A. hat nunmehr gegen B. Klage erhoben auf Rückzahlung der ihm gezahlten Summe nebst Zinsen.

Die Klage ist darauf gegründet, daß das weggenommene Geld zu dem von V. verwalteten Gemeindevermögen gehörte und dies bei der Pfändung dem Gerichtsvollzieher von dem Sohne und der Wirthschafterin des Schuldners V. mitgetheilt worden sei.

B. hat Abweisung der Klage beantragt; denn nach der C.P.O. sei die Pfändung des Geldes gültig gewesen und gelte die Zahlung als vom Schuldner selbst geleistet. Die dem Gerichtsvollzieher gemachten Mittheilungen gingen ihn nichts an.

Wer ist im Recht?

---

154. Beklagter hat auf Grund vollstreckbaren Titels bei dem Hofbesitzer R. Früchte auf dem Halme Mitte Juli pfänden und demnächst versteigern lassen. R. hatte diese Früchte im April dem Kläger verkauft.

Letzterer hat nunmehr klagend beantragt:

> Die Pfändung für unzulässig zu erklären und sie aufzuheben, auch Beklagten für schuldig zu erklären, den Pfanderlös dem Kläger herauszugeben.

Die Klage ist auf den Kaufvertrag gegründet, Inhalts dessen: die verkauften Früchte dem Kläger übergeben sind und derselbe demgemäß berechtigt ist, sie seiner Zeit abzuernten.

Beklagter hat Abweisung der Klage beantragt; denn Veräußerung der Früchte habe nicht stattgefunden, auf ein blos obligatorisches Verhältniß zum Schuldner aber könne die Widerspruchsklage nicht gestützt werden.

Kläger entgegnet, nach §§ 710, 824 C.P.O. gelten hängende Früchte als bewegliche Sachen. Andernfalls würde als Gegenstand der Pfändung nur das Recht auf Aberntung zu betrachten sein, welches aber dem Hofbesitzer R. im Juli ebensowenig zugestanden habe, als wenn er sein Gut im April verpachtet hätte.

---

155. Ein dem X. gehöriges Grundstück, auf welchem für eine Hypothekenbank 80 000 Mk. Darlehn eingetragen standen, war Schuldenhalber versteigert worden. Im Kaufgelderbelegungstermin liquidirte die Bank nur 78 000 Mk.; 2000 Mk. verrechnete sie auf den Amortisationsfonds.

Die hierdurch in Höhe von 2000 Mk. für den Gutsbesitzer X. entstandene Eigenthümerhypothek kam voll zur Hebung, der Betrag wurde aber als Streitmasse hinterlegt, weil zwei Gläubiger des X. auf denselben durch Pfändung und Ueberweisung Anspruch zu haben behaupteten und der Auszahlung an X. widersprachen.

Beide Gläubiger A. und B. beantragten in dem nunmehr entstandenen Prozesse die Auszahlung für sich auf Grund von Pfändungsankündigungen vom 3. Juni, welchen binnen drei Wochen die Pfändung nachgefolgt war.

Die Vorpfändung des A. war dem X. am 6. Juni, die des B. dem X. am 4. Juni zugestellt. Ferner beide Vorpfändungen der Hinterlegungsstelle am 4. Juni, dem Subhastationsrichter während des Kaufgelderbelegungstermins, jedoch die des A. vor der Vorpfändung des B.

Es fragt sich: hat die Auszahlung an A. oder an B. zu erfolgen?

---

156. Beklagter ist rechtskräftig verurtheilt, dem Kläger ein Ackerstück aufzulassen oder 1600 Mk. nebst Zinsen zu zahlen. Kläger hat demnächst dem Prozeßgericht angezeigt, er verlange, da Zahlung nicht erfolgt sei, die Auflassung des Ackerstückes.

Er beantragte, ihn zu ermächtigen, die Auflassung des Ackerstückes auf Kosten des Beklagten durch einen Dritten vornehmen zu lassen und dem Beklagten Zahlung von 250 Mk. Kostenvorschuß aufzugeben.

Der Beklagte behauptete in seiner Gegenerklärung, er habe schon einige Tage vor Einreichung des Vollstreckungsantrages dem Kläger die Zahlung der 1600 Mk. nebst Zinsen in seinem Wohnorte angekündigt. Kläger habe sich auch eingefunden, aber die Annahme des ihm angebotenen Geldes abgelehnt und Auflassung des Grundstückes verlangt.

Kläger bestritt dies mit dem Bemerken, der Beklagte habe auch schon deshalb, weil er nicht vor Ertheilung der Vollstreckungsklausel gezahlt, sein Wahlrecht verloren.

Kläger ist jedoch vom Landgericht mit seinem Antrage kostenpflichtig abgewiesen, weil das Wahlrecht nicht ihm, sondern dem Verklagten zustehe.

Ist dies gerechtfertigt?

---

157. C. hat auf Grund rechtskräftigen Urtheils wegen 3000 Mk. und Zinsen bei D. Mobiliar pfänden lassen, auf welches J. Eigenthumsansprüche und beim Landgericht N. Interventionsklage erhob mit dem Antrage auf Freigabe gegen Sicherheitsleistung.

Das Prozeßgericht hat beschlossen: Die Zwangsvollstreckung wird endgültig aufgehoben, wenn J. zur Sicherheit der Ansprüche des C. 4800 Mk. hinterlegt.

Die Hinterlegung ist erfolgt und die Pfandstücke sind freigegeben. Nachdem sodann die Interventionsklage rechtskräftig abgewiesen war, hat C. bei dem Landgericht N. den Antrag gestellt, anzuordnen, daß von den seitens des J. bei der Regierungs-Hauptkasse zu Er. hinterlegten 4800 Mk. der Betrag seiner Forderung an ihn ausgezahlt werde.

Es fragt sich, ob dieser Antrag an sich gerechtfertigt und welches Gericht für die Anordnung zuständig ist.

---

158. Dem H. zu K. stand gegen den Kaufmann D. daselbst eine Hypothekenforderung von 3000 Mk. zu, eingetragen auf dem Hause des D. zu K. Diese Forderung hat H. am 20. Januar dem A. cedirt und davon dem D. resp. dem D.schen Konkursverwalter am 10. Februar Anzeige gemacht.

Dieselbe Forderung hat B., ein Gläubiger des H., im Wege der Zwangsvollstreckung pfänden lassen; und zwar ist auf seinen beim Amtsgerichte K. gestellten Antrag am 18. Januar die Pfändung beschlossen, d. h. Pfändungsbeschluß mit Zahlungsverbot an den D.schen Konkursverwalter erlassen, am 30. Januar der Beschluß dem H. und für den Drittschuldner D. dem Konkursverwalter zugestellt.

A. hat nunmehr bei dem Landgericht St. auf Aufhebung der Pfändung geklagt und ausgeführt, daß er die Forderung bereits durch die am 20. Januar erfolgte Cession erworben hatte; mithin habe die Hypothek später nicht mehr Gegenstand der gegen H. gerichteten Zwangsvollstreckung sein können.

B. dagegen hat Abweisung beantragt, weil zum Erwerbe der Forderung es der Anzeige an den Schuldner bedurfte, diese aber erst nach Zustellung der Pfändung erfolgt sei. Keinesfalls könne Kläger Aufhebung der Pfändung verlangen, sondern er hätte höchstens Feststellungsklage anstellen können.

Wie ist zu entscheiden?

---

159. Z. hatte gegen seinen Schuldner, Kaufmann N. N. zu Hamburg, Kastanien-Allee 30, Zahlungsbefehl erwirkt und Zustellungsauftrag ertheilt. In der angegebenen Wohnung war der (inzwischen von Hamburg verzogene) N. N. nicht aufzufinden, weshalb der Gerichtsvollzieher bei der Polizeibehörde nachfragte und die Auskunft erhielt: der Kaufmann N. N. wohne Wilhelmstr. 26. Dieser mit dem Schuldner gleichnamigen, aber nicht identischen Person stellte er sodann

den Zahlungsbefehl zu und ebenso den nach Ablauf der Widerspruchsfrist von B. extrahirten Vollstreckungsbefehl.

Bei beiden Zustellungen erklärte N. N., Wilhelmstr. 26, dem Gerichtsvollzieher, er sei nicht der Richtige. — Inzwischen ist auch die Einspruchsfrist abgelaufen und dem N. N. ist vor einem Monat ein auf Antrag des Z. vom Vollstreckungsgericht gegen „den Kaufmann N. N., wohnhaft zu Hamburg, Wilhelmstr. 26" erlassener Pfändungsbefehl zugestellt worden, Inhalts dessen eine diesem N. N. gegen D. zustehende Forderung für Z. gepfändet wird.

N. N., Wilhelmstr. 26, war bisher der Ansicht gewesen, die Sache gehe ihn gar nichts an, macht nunmehr aber die Erfahrung, daß ihm in Folge der Pfändung die Zahlung von D. verweigert wird. Er hat daher bei dem Landgerichte auf Aufhebung der Pfändung geklagt.

Wie wird zu entscheiden sein?

---

160. Im Wege der Zwangsvollstreckung gegen L. hatte dessen Gläubiger C. mehrere Pferde pfänden lassen. Darauf hat A. gegen C. Klage bei dem Landgericht dahin erhoben, daß die Zwangsvollstreckung als unzulässig aufgehoben werde; denn die Pfändung der ihm von L. verkauften, übergebenen und in seinem Stalle befindlichen Pferde sei nicht nur ohne sein Wissen erfolgt, sondern auch in keiner Weise ersichtlich gemacht.

Nachdem C. den Einwand der Unzuständigkeit erhoben, da über die Zulässigkeit der Pfändung das Amtsgericht als Vollstreckungsgericht ausschließlich zu befinden habe, erweitert Kläger seinen Antrag dahin, zu erkennen: daß Beklagter schuldig, sein Eigenthum event. sein besseres Recht an den Pferden anzuerkennen. — Beklagter meint jedoch, diese nachträgliche Erweiterung könne dem Mangel der Zuständigkeit nicht abhelfen, weil die Verhandlung zur Hauptsache seinerseits verweigert und durch die Unzuständigkeit ausgeschlossen sei.

Wie ist zu entscheiden?

---

161. Ein gewisser S. hatte von der Actiengesellschaft A. landwirthschaftliche Maschinen zum Preise von 5000 Mk. gekauft und gegen 1000 Mk. Anzahlung übergeben erhalten.

Die Gesellschaft hat sich bis zur vollständigen Zahlung des Restes von 4000 Mk. das Eigenthum vorbehalten.

Bevor jedoch die Restzahlung erfolgte, ließ B., ein Schwager des S. auf Grund eines gegen letzteren erwirkten Vollstreckungsbefehls über 2500 Mk. und Zinsen die Maschinen pfänden und versteigern.

In der Versteigerung hat X. die Maschinen für das Meistgebot von 1800 Mk. erstanden, welche vom Gerichtsvollzieher nach Abzug der Vollstreckungskosten an B. ausgezahlt sind.

Jetzt hat die Actiengesellschaft klagend den B. wegen Bereicherung aus fremdem Eigenthum auf Herausgabe des Erlöses in Anspruch genommen. B. hat seinerseits Abweisung der Klage beantragt, weil:

a) eine Widerspruchsklage nach beendigter Zwangsvollstreckung gemäß § 771 C.P.O. nicht mehr statthaft sei;
b) nach § 819 C.P.O. der Empfang des Erlöses als vom Schuldner geleistete Zahlung gelte, Kläger mithin durch die Auszahlung nur das ihm Gebührende erhalten habe, endlich
c) er durch die Pfändung nach §§ 1208, 1248 B.G.B. ein der Klägerin gegenüber gültiges Pfandrecht erworben habe; denn daß die Pfändung in gutem Glauben erfolgt sei, werde von der Klägerin nicht in Zweifel gezogen.

Wie ist zu entscheiden: 1) nach dem B.G.B.? und 2) nach gemeinem Recht?

---

162. A. hatte von Frau M. aus einem rechtskräftigen Urtheil 3000 Mk. zu fordern. Die Schuldnerin hat einige Tage nach Verkündigung dieses Urtheils ihrem Bruder Fr. vollstreckbare Schuldurkunde über 2000 Mk. ausgestellt, auf Grund welcher Fr. ihr Mobiliar abpfänden ließ und vom Gerichtsvollzieher 1800 Mk Auctionserlös ausgezahlt erhielt. — Nunmehr hat A., nachdem die Zwangsvollstreckung aus dem oben gedachten Urtheile bei Frau M. fruchtlos ausgefallen, Anfechtungsklage auf Grund des Ges. v. 21. Juli 1879 gegen Fr. angestellt auf Herauszahlung des Auctionserlöses, deren Abweisung Fr. beantragt, weil er wirklich

2000 Mk. von seiner Schwester zu fordern gehabt habe und die durch den Gerichtsvollzieher empfangene Zahlung einer vom Schuldner freiwillig geleisteten und daher unanfechtbarer Zahlung gleichstehe.

---

163. In verschiedenen Prozessen sind die Schuldner, nachdem gegen sie Pfändung im Wege der Zwangsvollstreckung fruchtlos versucht worden, vor den Vollstreckungsrichter geladen zur Vorlegung eines Verzeichnisses ihres Vermögens und zur Leistung des Offenbarungseides. Diese Sachen nahmen folgenden Verlauf:

I. In einem Falle war der Schuldner ausgeblieben und Kläger hat beantragt, gegen ihn Haft anzuordnen. Dies ist jedoch durch Beschluß des Vollstreckungsrichters abgelehnt. Kläger wünscht zu wissen, welches Rechtsmittel ihm dagegen zustehe.

II. In einem anderen Falle hatte Schuldner seine Verpflichtung zur Leistung des Offenbarungseides bestritten, ist aber nach mündlicher Verhandlung für schuldig erachtet, den Eid zu leisten. Dagegen hat er sofortige Beschwerde eingelegt. Es fragt sich, ob dieselbe zulässig ist.

III. In einem dritten Falle erklärte der erschienene Schuldner, daß er sich neuerdings mit dem nicht erschienenen Kläger verglichen habe, daher die Leistung des Eides ablehne und Abweisung des Klägers beantrage. Diesem Antrage gemäß ist durch Versäumnißurtheil auf Abweisung erkannt. Kläger wünscht zu wissen, ob dies gerechtfertigt sei und wie er sich zu verhalten habe.

---

164. Auf dem versteigerten Grundstücke war für A. eine Kautionshypothek eingetragen. Er hat aber weder Ansprüche angemeldet, noch ist er im Termin zur Vertheilung der Kaufgelder erschienen. In Folge dessen wurde der Betrag, welcher auf seine Forderung entfallen wäre, an B., einen persönlichen Gläubiger des Subhastaten ausgezahlt.

Gegen diesen hat jetzt A. auf Herauszahlung dieses Betrages — wegen sog. grundloser Bereicherung — Klage erhoben. Beklagter hält die Klage für unbegründet: denn der Rechtsgrund der an ihn erfolgten Auszahlung sei der vom Gericht aufgestellte Vertheilungsplan, mit dessen Ausführung sich Kläger durch Unterlassung des Widerspruchs einverstanden erklärt habe. Folglich können von grundloser Bereicherung (condictio sine causa) keine Rede sein.

Wie ist zu entscheiden?

---

165. Das Amtsgericht hat den von B. gestellten Antrag auf Anordnung eines dinglichen Arrestes gegen A. abgelehnt. Auf erhobene Beschwerde hat das Landgericht den Arrest angeordnet. Nunmehr hat A. beim Landgericht Widerspruch erhoben. Dieses hat nach Beweiserhebung und kontradictorischer mündlicher Verhandlung den Arrest bestätigt.

A. hat gegen das Urtheil des Landgerichts Berufung eingelegt. B. beantragt, dieselbe als unzulässig zu verwerfen, weil das angefochtene Urtheil kein Urtheil erster Instanz, vielmehr in der Beschwerdeinstanz ergangen sei.

Es fragt sich, 1) war die Berufung zulässig? 2) Mußte nicht der Widerspruch wegen Unzuständigkeit des Landgerichts zurückgewiesen werden?

---

166. A. hat die Vollstreckung einer auf seinen Antrag vom Landgericht erlassenen einstweiligen Verfügung beantragt. Der Antrag ist jedoch wegen Fristversäumniß zurückgewiesen worden.

A. hatte nämlich die einstweilige Verfügung zwar seinem Gegner B. in Person binnen zwei Wochen nach an ihn selbst erfolgter Zustellung, mithin rechtzeitig zugestellt; dem ihm bekannten Prozeßbevollmächtigten des B. aber erst nach Ablauf der Frist.

Zwar hatte B. gegen den Erlaß der einstweiligen Verfügung Widerspruch erhoben und in der Verhandlung über ihre Rechtmäßigkeit die Fristversäumniß nicht gerügt.

Das Landgericht hat indessen den Vollstreckungsantrag zurückgewiesen, weil die Nichteinhaltung der gesetzlichen Frist nicht verzichtbar, vielmehr von Amtswegen zu berücksichtigen sei.

Gegen diesen Beschluß ist sofortige Beschwerde erhoben. Ist sie gerechtfertigt?

---

167. A. hatte an B. eine Partie Bretter verkauft. Da Letzterer die Abnahme der Bretter verweigerte, hat A.

dieselben nach einem Stätteplatz geschafft und dem Käufer zur Verfügung gestellt. Er hat sodann Klage erhoben auf Bezahlung des Kaufpreises und Erstattung der Transportkosten.

Während dieser Prozeß schwebte, hat A. bei Gericht den Antrag gestellt, den öffentlich meistbietenden Verkauf der Bretter und Hinterlegung des Erlöses anordnen zu wollen. Zur Begründung hat er unter Bezugnahme auf die beigebrachten Bescheinigungen angeführt, daß die Bretter auf dem Stätteplatz niedergelegt seien, die Lagerung daselbst aber nicht nur erhebliche Kosten verursache, sondern auch die fortschreitende Entwerthung der Bretter herbeiführe.

Der Antrag ist zurückgewiesen, weil ein gesetzlicher Grund zu der beantragten Anordnung nicht vorliege. Es müsse dem Kläger überlassen bleiben, seine Rechte nach § 373 des neuen Handelsgesetzbuches wahrzunehmen.

Kläger hat Beschwerde erhoben. Ist dieselbe begründet?

V. Fünftes, Sechstes, Siebentes, Neuntes und Zehntes Buch.

Urkundenprozeß. Ehe-, Kindschafts- und Entmündigungssachen. Mandats- und Aufgebots-Verfahren. Schiedsrichterliches Verfahren.

168. Gegen B. ist Klage im Wechselprozesse erhoben auf Grund eines von ihm an eigne Ordre ausgestellten, in Blanco girirten Wechsels. Kläger behauptete im Laufe der Verhandlungen unter Eideszuschiebung, die Unterschrift des Wechsels und Giros mit dem Namen des Beklagten rührten von dessen Sohn O. B. her, welcher auf Grund der Generalvollmacht des Beklagten dessen Namen gezeichnet habe. — Die Generalvollmacht, durch welche O. B. zum Zeichnen von Wechseln ermächtigt war, wurde vorgelegt, ihre Echtheit vom

Beklagten zugestanden, Erklärung darüber aber, ob die vorliegenden Namenszeichnungen von O. B. herrührten, seitens des B. abgelehnt.

Demnächst hat Beklagter den ihm in der Klage über die Echtheit der Niederschriften auf dem Wechsel zugeschobenen Eid dahin abgeleistet:

„Es ist nicht wahr, daß ich die Niederschriften meines Namens auf dem Klagewechsel oder eine derselben geschrieben habe oder dieselbe in meinem Auftrage oder mit meiner Genehmigung geschrieben worden sind."

Die Klage ist demnächst als in der gewählten Prozeßart unzulässig abgewiesen. Dagegen hat Kläger Berufung eingelegt. Wird dieselbe Erfolg haben?

---

169. Auf von A. gegen N. erhobene Klage ist Letzterer im Wechselprozesse unter Vorbehalt seiner Einwendungen rechtskräftig zur Zahlung von 3000 Mk. nebst Zinsen und Kosten vorläufig vollstreckbar verurtheilt, dem Verklagten jedoch nachgelassen, durch Hinterlegung von 3200 Mk. die Zwangsvollstreckung abzuwenden. Er hat diese Summe bei der Gerichtsschreiberei des Landgerichts gegen Depositalquittung hinterlegt, worauf das Zwangsverfahren eingestellt ist.

N. machte aber von dem zu seinen Gunsten in dem Urtheile gemachten Vorbehalte keinen Gebrauch. Deshalb hat A. Feststellungsklage mit dem Antrage angestellt:

Festzustellen, daß dem Beklagten begründete Einreden gegen die im Vorprozesse eingeklagte Wechselforderung nicht zustehen, und zu erkennen, daß die Ausschließung der Vollstreckbarkeit wieder aufzuheben sei.

Gegen das diesem Antrage gemäß ergangene Versäumnißurtheil hat, nach inzwischen über das Vermögen des N. erfolgter Konkurseröffnung, der Konkursverwalter Einspruch eingelegt und widerklagend Abweisung der Wechselklage beantragt. Er geht davon aus, daß nicht nur das noch anhängige Verfahren nach § 240 C.P.O. unterbrochen sei, sondern daß auch in Folge der Konkurseröffnung der Wechselanspruch nicht mehr als solcher, sondern nur noch nach § 12 f., § 138 ff. der R.K.O. verfolgt werden könne.

Kläger hält dagegen den Fall des § 11 der R.K.O. für

vorliegend; denn er mache das ihm an den hinterlegten 3200 Mk. zustehende Aussonderungsrecht als Pfandgläubiger geltend; — worauf Beklagter erwidert, ein Faustpfandrecht sei nicht bestellt und ein Pfändungspfandrecht könne nur durch Pfändung entstehn.

Wie ist auf den Einspruch und auf die Widerklage zu erkennen?

---

170. Der Ehemann ist im Vorprozesse mit seiner Anfechtungsklage auf Nichtigkeitserklärung der Ehe rechtskräftig abgewiesen worden. Nunmehr hat die Ehefrau ihrerseits Klage auf Scheidung der Ehe wegen Ehebruchs und unsittlichen Verhaltens erhoben, welches Zerrüttung der Ehe herbeigeführt habe.

Die Klage wurde auf Thatsachen gestützt, welche sich vor Beendigung des Vorprozesses ereignet haben. In dieser Hinsicht ist behauptet, Klägerin habe Kenntniß von den Thatsachen bezw. Beweismittel für dieselben erst nach Eintritt der Rechtskraft des im Vorprozesse ergangenen Urteils erlangt, was vom Beklagten bestritten wird.

Weil Klägerin diese bestrittene Behauptung nicht beweisen konnte, ist ihre Klage in zwei Instanzen abgewiesen. Sie hat hierauf Revision eingelegt wegen Verkennung der Regeln der Beweislast mit der Ausführung, es gehöre zur Begründung des Einwandes der Rechtskraft der vom Beklagten zu erbringende Nachweis, daß Klägerin die Thatsachen schon in dem früheren Prozesse habe mit Erfolg geltend machen können.

Es fragt sich, ob dieser Angriff begründet ist.

---

171. Auf Klage der Ehefrau ist die Ehe geschieden, der beklagte Ehemann für den allein schuldigen Theil erklärt. Der Beklagte hat Berufung eingelegt; da er aber im Verhandlungstermin nicht erschien, so ist seine Berufung auf Antrag der Klägerin durch Versäumnißurtheil verworfen und sind ihm die Kosten der Berufungsinstanz zur Last gelegt.

Der Beklagte hat Einspruch erhoben, weil ein Versäumnißurtheil nicht hätte erlassen werden dürfen.

Ist dies begründet?

---

172. In erster Instanz war die Scheidung der Ehe der Parteien sowohl auf die Klage als auf die Widerklage ausgesprochen und kein Theil für überwiegend schuldig erklärt. Der beklagte Ehemann hat sich bei dem Urtheil beruhigt, die klagende Ehefrau dagegen Berufung eingelegt. In der mündlichen Verhandlung vor dem Berufungsgericht waren nur die Parteivertreter zugegen. Namens der Klägerin wurde beantragt: unter Abänderung der ersten Entscheidung die Widerklage abzuweisen und den Beklagten für den allein schuldigen Theil zu erklären. Namens des Beklagten wurde Zurückweisung der Berufung beantragt.

Das Berufungsgericht beschloß ohne Anführung von Gründen: das Verfahren auf ein Jahr auszusetzen.

Dagegen hat Beklagter Beschwerde eingelegt.

Es fragt sich, ob dieselbe zulässig und ob sie begründet ist.

---

173. Die Ehefrau hat auf Scheidung wegen lebensgefährlicher Mißhandlung angetragen, der Ehemann Widerklage wegen böswilliger Verlassung erhoben. Gegen diese macht die Klägerin geltend, sie sei durch die Mißhandlungen genöthigt und berechtigt gewesen, ihren Mann zu verlassen und sich von ihm fern zu halten. Zur Vertheidigung gegen die Widerklage hat Klägerin über die behaupteten lebensgefährlichen Mißhandlungen den Eid zugeschoben.

Das Gericht hat die Klage abgewiesen, die Entscheidung auf die Widerklage von der Ableistung des zugeschobenen Eides seitens des Widerklägers abhängig gemacht.

Gegen die Abweisung der Klage hat Klägerin Berufung eingelegt, ohne neuen Beweis anzutreten.

Wird sie Erfolg haben?

---

174. Der durch Beschluß des Amtsgerichts entmündigte St. hat gegen diesen Beschluß Anfechtungsklage durch einen von ihm mit Prozeßvollmacht versehenen Anwalt erhoben. Nachdem ihm dieser vor der ersten mündlichen Verhandlung das Mandat gekündigt hatte, ist ihm auf seinen Antrag vom Vorsitzenden des Prozeßgerichts ein anderer Anwalt als Vertreter beigeordnet.

In der mündlichen Verhandlung war St. persönlich anwesend und erklärte, er lehne den Landrichter L. wegen Befangenheit ab. Der ihm beigeordnete Anwalt erklärte, er könne sich diesem Antrage nicht anschließen. Darauf wurde das Gesuch als unzulässig abgelehnt, weil St. in Folge der Entmündigung prozeßunfähig, daher zur Stellung von Anträgen bei Gericht nicht befugt sei.

Ist dieser Beschluß gerechtfertigt? und wie ist event. zu verfahren?

---

175. Bl. war auf Antrag seines Bruders A. Bl. durch Beschluß des zuständigen Amtsgerichts wegen Geisteskrankheit entmündigt worden, hatte aber Anfechtungsklage gegen den Staatsanwalt angestellt. Letzterem ist A. Bl. beigetreten. — Nach erfolgter Abweisung der Klage legte Bl. Berufung ein. Und zwar ließ er zunächst seinem Bruder A. Bl. die Berufungsschrift zu Händen seines Anwalts erster Instanz zustellen; einige Tage später das Urtheil gleichzeitig mit der Berufungsschrift dem Ersten Staatsanwalt beim Landgerichte. In der mündlichen Verhandlung vor dem Berufungsgericht kam zur Sprache, daß der bei diesem fungirende Oberstaatsanwalt überhaupt nicht geladen sei. Es wurde daher auf Antrag des Klägers die Verhandlung vertagt und zu dem neuen Termin nunmehr der Oberstaatsanwalt seitens des Klägers geladen.

Es fragt sich, wie weiter zu verfahren, ob namentlich die Berufung ordnungsmäßig eingelegt ist?

---

176. A. hat im Prozesse eine Restforderung für gelieferte Weine an den Nachlaß der Eheleute B. geltend gemacht und sich darauf berufen, daß er diese Forderung in dem Aufgebotsverfahren über den gedachten Nachlaß rechtzeitig angemeldet habe, und zwar nur zum Restbetrage von 90 %, weil ihm in Gemäßheit des im B.'schen Konkurse geschlossenen, gerichtlich bestätigten Zwangsvergleichs 10 % durch den Konkursverwalter ausgezahlt worden waren.

Nach Abschluß des Zwangsvergleichs hätten nämlich die Eheleute B. ihm die Zahlung des durch die Accordrate nicht gedeckten Restbetrages zugesichert. Dieses Zahlungsversprechen habe die ursprüngliche, durch den Zwangsvergleich erloschene Forderung wieder hergestellt oder vielmehr die zurückgebliebene Naturalobligation wieder klagbar gemacht.

Die Beklagten wenden ein: die ursprüngliche Forderung sei durch den Zwangsvergleich erloschen. Die jetzt geltend gemachte Forderung aus dem Zahlungsversprechen sei eine ganz andere als die angemeldete. Mithin sei Kläger wegen unterbliebener Anmeldung mit ihr ausgeschlossen.

Wie ist zu entscheiden?

---

177. Kläger verlangt von der Beklagten Herausgabe einer von derselben bei der Sparkasse zu M. erhobenen Summe von 1200 Mk. unter Vorlegung des auf seinen Namen und Wohnort lautenden Einlagebuchs Nr. 2777. Er bemerkt, daß sämmtliche Einzahlungen auf dieses Buch bei der Sparkasse zu M. von ihm bewirkt seien. Folglich sei er der Gläubiger der Sparkasse gewesen; die Beklagte sei hinsichtlich der Gelderhebung als sein zur Ablieferung verpflichteter Geschäftsführer zu betrachten. — Beklagte stellt dies in Abrede und trägt vor: sie habe in der Ueberzeugung, daß jenes Einlagebuch zum Nachlasse ihres mit dem Kläger gleichnamigen Bruders und Erblassers gehöre, ein Aufgebotsverfahren beantragt, Kraftloserklärung des Buchs bewirkt und auf Grund des Ausschlußurtheils die Einlage erhoben. Sie bittet um Abweisung der Klage, weil Kläger aus dem für kraftlos erklärten Einlagebuche keine Rechte herleiten könne, auch die Zahlung, welche sie für eigene Rechnung in Empfang genommen habe, vollkommen gültig erfolgt sei.

---

178. A. ist bei der Versicherungsgesellschaft Rh. gegen Feuerschaden versichert und hat mit derselben einen Schiedsvertrag geschlossen, nach welchem die namentlich bezeichneten beiden Schiedsrichter im Falle der Meinungsverschiedenheit einen dritten Schiedsrichter als Obmann zuziehn sollten. Nachdem dieser Fall eingetreten war, wurde durch Mehrheitsbeschluß die dem A. gebührende Entschädigung auf 5000 Mk. festgesetzt. Der überstimmte Schiedsrichter aber weigerte sich, den Schiedsspruch zu unterzeichnen, weil seiner Ansicht nach der Schaden sich auf mindestens 15000 Mk. belaufe.

Die anderen beiden Schiedsrichter ließen ihn durch Gerichtvollzieher auffordern, seine Unterschrift der ihrigen beizufügen, jedoch ohne Erfolg.

Nunmehr hat A. gegen die Gesellschaft Rh. Klage bei Gericht auf Zahlung von 15000 Mk. Brandentschädigung erhoben. Beklagte hält, abgesehen von den Einwendungen gegen die Höhe des Anspruchs, die Klage für unzulässig mit Rücksicht auf den vorliegenden Schiedsspruch und den noch in Kraft befindlichen Schiedsvertrag.

Ist sie im Rechte?

---

179. Beklagter hatte dem Kläger Hafer verkauft und zwar Inhalts der dem Kläger ausgehändigten Schlußscheine „nach allen in den Schlußscheinen der Makler erhaltenen Bedingungen“. Ueber die Ansprüche aus diesem Geschäfte entstand Streit. Das auf Betreiben des Klägers gebildete Börsenschiedsgericht hat die Parteien gehört und demnächst den Beklagten unter Verwerfung der von ihm erhobenen Einwendungen klagegemäß verurtheilt.

Demnächst beantragt Kläger Erlaß des Vollstreckungsurtheils. Nunmehr erst trat Beklagter mit dem Einwande hervor, laut Verabredung sei bei dem Hafergeschäfte effective Lieferung und Abnahme ausgeschlossen gewesen und nur um die Differenz an den Stichtagen gehandelt. Die sich hieraus ergebende Nichtigkeit des Geschäfts treffe auch die einen Bestandtheil desselben bildende Schiedsgerichtsklausel.

Kläger hat erwidert: In Folge der Klausel sei vor Allem auch die Frage, ob ein Differenzgeschäft vorliege oder nicht, von dem Schiedsgerichte zu entscheiden gewesen und zu seinem, des Klägers Gunsten entschieden.

Wer ist im Rechte?

---

180. Der Beklagte hat die Einrede des Schiedsvertrages erhoben auf Grund folgender Vertragsbestimmung:

„Bei etwaigen Differenzen ist der Klageweg ausgeschlossen, es sollen vielmehr Differenzen nur von einem von beiden Theilen zu ernennenden Sachverständigen ausgeglichen werden.“

Er erklärt es für selbstverständlich, daß unter dem „Sachverständigen“ ein gemeinschaftlich zu ernennender Schiedsrichter zu verstehen sei. Auch sei es sehr wohl möglich, das in Aussicht genommene Schiedsgericht — schlimmsten Falls unter Beihilfe des zuständigen Gerichts — zu Stande zu bringen. Jedenfalls sei, solange der Versuch dazu nicht als vergeblich nachgewiesen worden, die Zuständigkeit der ordentlichen Gerichte ausgeschlossen.

Kläger hält den Einwand und die zu seiner Begründung gemachten Anführungen für durchweg unzutreffend.

Wie ist zu entscheiden?

Anhang I. Instanzenzug.

A. I. Amtsgericht: § 23 G.V.G. — §§ 495—510 C.P.O. (Erste Instanz).

II. Landgericht (Civilkammer): § 71 G.V.G. — §§ 511—544 C.P.O. (Beruf-Instanz).

B. I. Landgericht (Civilkammer und Kammer für Handelssachen): §§ 70, 101 G.V.G. — §§ 253—494 C.P.O. (Erste Instanz).

II. Oberlandesgericht (Civilsenat): § 123[1] G.V.G. — §§ 511—544 C.P.O. (Berufungsinstanz).

III. Reichsgericht (Civilsenat): §§ 135[1] G.V.G. — §§ 545—566 C.P.O. (Revisions-Instanz).

Anhang II. System der Civilprozeßordnung.

[Grundlagen des Rechtsstreits und Grundlinien des Verfahrens im Allgemeinen.]

I. Buch: Allgem. Bestimmungen. 1. Abschn.: **Gerichte.** — 2. Abschn.: **Parteien.** — 3. Abschn.: **Verfahren.** (§§ 1 bis 252).

Abschn. 1: Tit 1. Sachliche Zuständigkeit. — Tit. 2. Gerichtsstand. — Tit. 3. Vereinbarung über die Zuständigkeit der Gerichte. — Tit. 4. Ausschließung und Ablehnung der Gerichtspersonen. —

Abschn. 2: Tit. 1. Parteifähigkeit, Prozeßfähigkeit. — Tit. 2. Streitgenossenschaft. — Tit. 3. Betheiligung Dritter am Rechtsstreite. — Tit. 4. Prozeßbevollmächtigte und Beistände. — Tit. 5. Prozeßkosten. — Tit. 6. Sicherheitsleistung. — Tit. 7. Armenrecht.

Abschn. 3: Tit. 1. Mündliche Verhandlung. — Tit. 2. Zustellungen. — Tit. 3. Ladungen, Termine und Fristen. — Tit. 4. Folgen der Versäumung. Wiedereinsetzung in den vorigen Stand. — Tit. 5. Unterbrechung und Aussetzung des Verfahrens.

[Ordentliches Verfahren.]

II. Buch: Verfahren in erster Instanz. 1. Abschn.: **Verfahren vor den Landgerichten** (§§ 253—494). 2. Abschn.: **Verfahren vor den Amtsgerichten** (§§ 495—510).

Abschn. 1: Tit. 1. Verfahren bis zum Urtheil. — Tit. 2. Urtheil. — Tit. 3. Versäumnißurtheil. — Tit. 4. Vorbereitendes Verfahren in Rechnungssachen ꝛc. Tit. 5. Allg. Bestimmungen über die Beweisaufnahme. — Tit. 6—11. Beweis durch Augenschein, Zeugen, Sachverständige, Urkunden, Eid. — Tit. 12. Sicherung des Beweises.

III. Buch: Rechtsmittel. 1. Abschn.: **Berufung.** — 2. Abschn.: **Revision.** — 3. Abschn.: **Beschwerde.** (§§ 511 —577.)

IV. Buch: Wiederaufnahme des Verfahrens. (§§ 578 —591.)

[Abweichendes Verfahren.]

V. Buch: Urkunden- und Wechselprozeß. (§§ 592—605.)

VI. Buch: Ehesachen. Feststellung des Rechtsverhältnisses zwischen Eltern u. Kindern. Entmündigungssachen. (Abschn. 1, 2 u. 3. §§ 606—687.)

VII. Buch: Mahnverfahren. (§§ 688—703.)

[Realisirung und Sicherung der Rechtsansprüche.]

VIII. Buch: Zwangsvollstreckung. 1. Abschn.: **Allgem. Bestimmungen.** — 2. Abschn.: **Zwangsvollstr. wegen Geldforderungen.** — 3. Abschn.: **Zwangsvollstr. auf Herausgabe**

von Sachen, auf Handlungen oder Unterlassungen. — 4. Abschn.: **Offenbarungseid und Haft.** — 5. Abschn.: **Arrest und Einstweilige Verfügungen.** (§§ 704—945.)

Abschn. 2: Tit. 1. Zwangsvollstr. in das bewegl. Vermögen. [I. Allg. Bestimmungen; II. Zwangsvollstr. in körperl. Sachen; III. Zwangsvollstr. in Forderungen und andere Vermögensrechte.] — Tit. 2. Zwangsvollstreckung in das unbewegl. Vermögen. — Tit. 3. Vertheilungsverfahren.

[Außerordentliches Verfahren.]

IX. Buch: Aufgebotsverfahren. (§§ 946—1024.)

X. Buch: Schiedsrichterliches Verfahren. (§§ 1025—1048.)

Anhang III. Formulare.

I. Wechselklage (Amtsgericht).

(§ 23 Nr. 1 G.V.G. §§ 4, 79, 133, 226, §§ 496, 497, 602 ff., 708 Nr. 4 C.P.O.)

Berlin, den *28. März* 190*3*.

Ich sorge für Zustellung.

Klage im Wechselprozesse

des *Kaufmanns August Lehmann hier, Friedrichstrasse 39,*
Kläger,

gegen

1. den Schneider Wilhelm Müller in Steglitz,
2. den Kaufmann Carl Schulze hier, Wallstrasse 2,
Beklagte.

Streitgegenstand: von *200* bis *300* Mark,
hat *3* Anlagen.

Verf.

1. *Die Einlassungsfrist des Beklagten Müller wird auf 48 Stunden abgekürzt.*

2. Verhandlungstermin auf *Donnerstag*, den *5*ten *April* 190*3*, um *10* Uhr *Vormittags*, Jüdenstrasse No. *59*, *II* Treppen, Zimmer No. *79 c.*

Berlin, den *29*ten *März* 190*3*.

Königliches Amtsgericht I.

Abth. No. *40* für Civil-Prozesssachen.

N. N.

a. An das Königliche Amtsgericht Berlin I. Abtheilung No. *40.*

b. An 1. Herrn pp. Müller in Steglitz.

2. Herrn pp. Schulze, hier, Wallstr. 2.

Ger.-Aktenz.: *D.99.1903. Abth.40.*

Zur mündlichen Verhandlung des nachstehenden Rechtsstreits lade ich *die* Beklagt*en* vor das

Königliche Amtsgericht Berlin I

zu dem angesetzten Termine.

Ich bitte um Abkürzung der Einlassungsfrist des Beklagten *Müller auf 48 Stunden.*

Ich klage im Wechselprozesse und werde beantragen

die Beklagt*en als Gesammtschuldner* unter Kostenlast zu verurtheilen, an *den* Kläger

308 M. *20* Pf.

nebst *6*% Zinsen von *300* M. seit dem *20. März 1903* zu zahlen.

Aus dem in *U*rschrift anliegenden Wechsel vom *20. December 1902* über *300* M., zahlbar am *20. März 1903 in Berlin*, und dem in *U*rschrift anliegenden Proteste vom *22. März 1903* schulden *die* Beklagt*en* (und zwar *der* Beklagte *zu 1 als Acceptant*, der Beklagte *zu 2 als Aussteller und Girant*) *dem* Kläger (*welcher den Wechsel im Regresswege eingelöst hat*) an Kapital, Protestkosten, Provisionen und Porto nach der *u*rschriftlich anliegenden Retourrechnung *307* M. *20* Pf. nebst *6*% Zinsen von *300* M. seit dem *20. März 1903* sowie $^1/_3$% eigene Provision mit *1* M.

Beweis: Die Urkunden und für die Echtheit der Wechselunterschriften: Eid.

Abschrift ist auf der Gerichtsschreiberei niedergelegt.

August Lehmann.

2. Waarenklage (Landgericht. Kammer für Handelssachen).

(§§ 100 ff. G.V.G. §§ 78, 215, 253, 261 f., 718 C.P.O.)

Berlin, den *28. März* 1903.

Klage

der Handelsgesellschaft in Firma Ehrlich & Co. in Hamburg, Klägerin, vertreten durch den Rechtsanwalt Dr. L. Brummig in Berlin C., Kurstrasse 6, I, als Prozessbevollmächtigten,

gegen

den Kaufmann Louis Langsam hier, Kochstrasse 3, Beklagten

Streitgegenstand: von *450* bis *600* Mark

hat *1* Anlage.

Verhandlungstermin auf *Montag*, den *23*ten *April* 190*3*, um *11* Uhr *Vormittags*, im Sitzungssaale Jüdenstrasse No. *59*, *II* Treppen, Zimmer No. *67*.

Berlin, den *30*ten *März* 190*3*.

Königliches Land-Gericht I.

1. Kammer *für Handelssachen*

Der Vorsitzende

Schulz.

a. An das Königliche Landgericht Berlin I. *1.* Kammer *für Handelssachen,*

b. An den Kaufmann Herrn Louis Langsam hier, Kochstr. 3.

Ger.-Aktenz.: *O. 210. 1903 H. K. 1.*

Zur mündlichen Verhandlung des nachstehenden Rechtsstreites lade ich *den* Beklagten vor das Königliche Landgericht Berlin I zu dem angesetzten Termine, mit der Aufforderung, einen bei diesem Gerichte zugelassenen Rechtsanwalt zu bestellen.

Abschrift der Klage ist auf der Gerichtsschreiberei niedergelegt.

Ich bitte um Verhandlung des Rechtsstreites vor der Kammer für Handelssachen.

Ich werde beantragen:

> de*n* Beklagte*n* unter Kostenlast zu verurtheilen, an d*ie* Kläger*in*
>
> *500 M.*
>
> nebst *6*% Zinsen *seit dem 5. Januar 1903* zu zahlen und das Urtheil gegen Sicherheitsleistung in Höhe des beizutreibenden Betrages für vorläufig vollstreckbar zu erklären.

Der Beklagte empfing auf sein Verlangen von der Klägerin die in der anliegenden Rechnung verzeichneten Waaren zu den daselbst angegebenen Zeiten und den ausgeworfenen, vereinbarten und genehmigten, übrigens auch angemessenen Preisen. Beklagter hat jedesmal mit den Waaren eine der überreichten Rechnung entsprechende Factura erhalten und die Waaren verkauft resp. verbraucht.

Beweis: *Die vom Beklagten unter Eideszwang vorzulegenden Facturen, die Handlungsbücher der Klägerin und Eid.*

Der Beklagte ist dadurch im Ganzen 550 M. schuldig geworden. Er hat darauf nur 50 M. gezahlt. Deshalb wird wegen des Restes von 500 M. nebst 6 % Zinsen seit dem 5. Januar 1903 geklagt.

Der Rechtsanwalt
Dr. L. Brummig.

---

3. Klagebeantwortung (Landgericht).

(§§ 129 ff., 133, 198, 718 C.P.O.)

1. An

den Rechtsanwalt Herrn *Ernst Rosenstrauch*

hier.

2. An

das Königl. *Land*gericht I
9. Civil-Kammer

hier.

Berlin, den *28. März* 1903.

Klagebeantwortung

in Sachen

Reich gegen *Arm*

O. 26. 1903. C. K. 9.

Namens des Beklagten beantrage ich:

1. die Klage *abzuweisen*,
2. event. dem Beklagten nachzulassen, die Vollstreckung durch Sicherheitsbestellung abzuwenden.

Begründung: *Die Hingabe event. auch die Kündigung des eingeklagten Darlehns wird unter Eidesannahme bestritten.*

Der Rechtsanwalt
Dr. Jacob Ehrlich.

---

4. Berufungsschrift (Oberlandesgericht, Civil-Senat).

(§ 123 Nr. 1 GVG. §§ 511 ff., 518 f. CPO.)

a. An

das Königl. Kammergericht, Civilsenat,

hier.

b. An

den Rechtsanwalt Herrn *O. Gewinner*

hier.

Berlin, den *28. März* 1903.

Berufung in Sachen

des *Fabrikanten Stark hier, Beklagten und* Berufungsklägers,
vertreten durch den Rechtsanwalt *Dr. F. Fabius,*
gegen
den *Kaufmann Kluge hier, Kläger und* Berufungsbeklagten,
in I. Instanz vertreten durch den Rechtsanwalt *O. Gewinner* hier
Streitgegenstand: *Auflösung einer Handelsgesellschaft* (*10000 M*).
I. Instanz: Landgericht *Berlin I.* Aktenzeichen: *C. 108. 1902. H. K.*
Gerichts-Aktenzeichen II. Instanz: *U. 1200. 1903. VI.*

Gegen das am *13. Februar 1903* verkündete, *am 19. März 1903* zugestellte Urtheil des Königl. Landgerichts *Berlin I* lege ich Namens des *Beklagten* hiermit Berufung ein.

Ich lade den *Kläger* vor das Königl. Kammergericht zu Berlin zur mündlichen Verhandlung über die Berufung in dem angesetzten Termin mit der Aufforderung, einen bei diesem Gericht zugelassenen Rechtsanwalt zu bestellen.

Das Urtheil wird angefochten,

Verhandlungstermin
am *2. Mai 1903, Mittags 12* Uhr.

Berlin, den *31. März 1903.*

Der Präsident des *VI.* Civilsenats des Königl. Kammergerichts.
[Unterschrift.]

Beglaubigte Abschrift dieser Berufungsschrift nebst Terminsbestimmung habe ich von dem Anwalt des *Beklagten und* Berufungsklägers, *Herrn Dr. F. Fabius* hier, heute zugestellt erhalten.

Berlin, den *3. April 1903.*

Der Rechtsanwalt
Dr. O. Gewinner.

weil *Beklagter nach dem Klageantrage verurtheilt ist,*
und wird beantragt, *dasselbe dahin abzuändern, dass die Klage abzuweisen.*

Nachvollmacht und Abschrift sind auf der Gerichtsschreiberei niedergelegt.

Der Rechtsanwalt
Dr. F. Fabius.

---

5. Mahnverfahren. A. Gesuch. B. Zahlungsbefehl. C. Vollstreckungsbefehl.

(§§ 688 ff., 697, 699 C.P.O.)

A. An

das Königl. Amtsgericht *I*, Abth. *44*,

hier.

Berlin, den *7. April* 1903.

Der Schneidermeister Otto Leicht hier, Zimmerstr. 7,
verschuldet mir,

dem Kaufmann H. Levi hier, Klosterstr. 9,

für *Waaren, welche ich ihm in der Zeit vom 6. Januar bis 10. April 1902 auf seine Bestellung geliefert habe, die vereinbarten üblichen und angemessenen Preise von zusammen 651 M. nebst 6 % Zinsen seit dem 11. April 1902.*

Ich beantrage:

wegen dieser Schuld und der entstehenden Gerichts- und Zustellungs-Kosten einen Zahlungsbefehl an den Schuldner zu erlassen.

Der Kaufmann
H. Levi.

B. *44.* **B. Nr.** *320* **de 1903.**

Zahlungsbefehl.

Auf Antrag ***des Kaufmanns H. Levi hier***
wird ***dem Schneidermeister Otto Leicht hier***
aufgegeben,

den Ersteren wegen des Anspruchs auf Zahlung von ***651 M.*** **nebst** ***6%*** **Zinsen seit dem** ***11. April 1902 als Preis für in der Zeit vom 6. Januar bis 10. April 1902 gelieferte Waaren*** **sowie wegen der unten berechneten Kosten des Verfahrens binnen einer vom Tage der Zustellung dieses Befehls laufenden Frist von zwei Wochen bei Vermeidung sofortiger Zwangsvollstreckung zu befriedigen oder bei dem unterzeichneten Gerichte Widerspruch zu erheben.**

Berlin, den ***11. April*** **1903.**

Königl. Amtsgericht *I*, Abth. *44.*
N. N.

Kostenrechnung pp.

C.

Vollstreckungsbefehl.

Vorstehender Zahlungsbefehl wird für vorläufig vollstreckbar erklärt, auch wegen — M. 60 Pf. Zustellungskosten und Porto und 2 M. 60 Pf. Kosten für diesen Befehl.

Berlin, den *5. Mai* **1903.**

Königl. Amtsgericht *I*, Abth. *44.*
N. N.

6. Einstellung der Zwangsvollstreckung.

A. Antrag. B. Beschluss.

(§§ 771, 769f.; vergl. mit §§ 707, 719 C.P.O.)

A. An

das Königliche Amtsgericht

zu Rixdorf.

Berlin, den *7. April* 1903.

Gesuch

des *Pferdehändlers Emil Braun hier, Linienstrasse 100,*
in Zwangsvollstreckungssachen
des *Fouragehändlers Kleemann in Buttstädt,* Gläubigers,
gegen
den *Fuhrherrn Bock in Rixdorf,* Schuldner.

Object *300 bis 450 M.*
hat 2 Anlagen.

Laut des anliegenden Pfändungs-Protokolls hat der Gerichtsvollzieher *Schneidig* auf Antrag des *Kleemann* bei *Bock* am *29. März 1903* wegen *400 M.* eine auf *450 M. taxirte braune Stute* abgepfändet und will dieses Pfandstück schon am *10. April 1903* versteigern.

Das Pfandstück gehört jedoch mir. *Ich habe dasselbe dem Schuldner am 20. März 1903 nur zur Probe in Benutzung gegeben. Ich selbst habe es kurz vorher auf dem Charlottenburger Markt käuflich erworben.*

Dies Alles wird durch das anliegende eidesstattliche Attest *des Koppelknechts Brandt* glaubhaft gemacht.

Wegen Kürze der Zeit bis zum Versteigerungstermin *und da der Gläubiger weit entfernt wohnt, kann ich eine bei dem Landgericht II einzureichende Interventionsklage dem Gläubiger nicht vorher zustellen; ich muss ihn auch erst zur Erklärung auffordern.* Es liegt daher ein dringender Fall vor und beantrage ich:

die Zwangsvollstreckung in das obenbezeichnete Pfandstück einstweilen einzustellen.

Der Pferdehändler
Emil Braun.

B. Nr. *21.* *de* 1903.

Beschluss.

In Zwangsvollstreckungssachen

Kleemann, Gläubigers, gegen *Bock*, Schuldner,

wird in Erwägung,

dass am *29. März 1903* durch den Gerichtsvollzieher *Schneidig* bei dem Schuldner *eine braune Stute* gepfändet worden ist, dass bezüglich dieses Gegenstandes *der Pferdehändler Braun in Berlin* Eigenthumsansprüche erhoben und dieselben durch eidesstattliches Attest *des Brandt* glaubhaft gemacht hat, dass auch die Dringlichkeit des Falles durch *die nahe bevorstehende Versteigerung* dargethan ist,

auf den Antrag des *Braun* gemäss §§ 769 und 771 der C.P.O. beschlossen:

1. die Zwangsvollstreckung in den oben bezeichneten Gegenstand wird einstweilen eingestellt,
2. der *Braun* hat binnen *14 Tagen* eine Entscheidung des Prozessgerichts über weitere Einstellung der Zwangsvollstreckung dem Gerichtsvollzieher *Schneidig* vorzulegen, widrigenfalls die jetzt eingestellte Zwangsvollstreckung fortgesetzt wird.

Rixdorf, *den 9. April 1903.*

Königliches Amtsgericht.

Ausgefertigt

Rixdorf, *den 9. April 1903.*

N. N.

Gerichtsschreiber.

7. Forderungs-Pfändung und Ueberweisung.

A. Antrag. B. Beschluss.

(§§ 828 ff., §§ 835 ff., 840 C.P.O.)

A. An

das Königl. Amtsgericht I, Abth. 46

hier.

Berlin, den *28. März* 190*3*.

Ich bitte um Zustellung durch einen Gerichtsvollzieher mit Aufforderung an den Drittschuldner zur Erklärung gemäss § 840 C.P.O.

Antrag

des Fabrikanten Lange hier, Gläubigers,
vertreten durch den Justizrath Jansen hier
gegen
den Kaufmann Kurz hier, Friedenstrasse 7,
Schuldner.

Object: *1200* bis *1600 M.*
2 Anlagen.

Der Schuldner muss dem Gläubiger aus dem anliegenden mit der Vollstreckungsklausel und der Zustellungsurkunde versehenen Urtheile des *Landgerichts Berlin I* vom *3. Februar* 190*3*: *1500* M. nebst *6*% Zinsen seit dem *5. Mai 1902* zahlen.

Ich beantrage ergebenst: wegen dieser Forderung, sowie wegen *9* M. *90* Pf. Gebühren und Schreibgebühren hierfür, ferner wegen der entstehenden Gerichts- und Zustellungskosten diejenige Forderung zu pfänden und dem Gläubiger zur Einziehung zu überweisen, welche dem Schuldner *als Kaufgeld für Waaren gegen den Tischler Carl Roth hier, Karlstrasse 12, in Höhe von 2000 M. und Zinsen* zusteht.

Jansen Justizrath.

B. *46 M. 468. 1903.*

In Zwangsvollstreckungssachen

des Fabrikanten Lange hier, Gläubigers,

vertreten durch den Justizrath Jansen hier,

gegen

den Kaufmann Kurz hier, Schuldner,

wird wegen der dem Ersteren nach dem vollstreckbaren Urtheile des Königlichen *Land*gerichts *Berlin I* (*O. 211. 1903. H. K. 3*) vom *3. Februar 1903* zustehenden Forderung von *1500* M. nebst *6*% Zinsen seit dem *5. Mai 1903*, ferner wegen *9,90 M. Anwaltskosten* und der unten berechneten Gerichts- und Zustellungskosten für diesen Beschluss die dem Schuldner gegen d*en Tischler Carl Roth hier, Karlstrasse 12*, angeblich zustehende Forderung von *2000 M. und Zinsen als Kaufgeld für Waaren* auf Höhe der obigen Beträge gepfändet.

Der *Tischler Carl Roth hier* darf die gepfändete Forderung an den Schuldner nicht zahlen.

Der Schuldner hat sich jeder Verfügung über die Forderung, insbesondere durch Einziehung derselben, zu enthalten.

Zugleich wird *dem Fabrikanten Lange hier* die bezeichnete Forderung auf Höhe der erwähnten Beträge zur Einziehung überwiesen.

Berlin, den *31. März* 1903.

Königliches Amtsgericht I, Abth. *46*.

N. N.

Kostenrechnung etc.

---

8. Ladung zur Leistung des Offenbarungseides.

(§§ 807, 899 ff. C.P.O.)

An

das Königl. Amtsgericht *I*, Abth. *46*,

hier

Berlin, den *7. April 1903*.

Antrag und Ladung

des Juweliers W. Gold hier, Wallstr. 12, Gläubigers,

gegen

die Schauspielerin Lustig hier, Kronenstr. 20, Schuldnerin.

Gegenstand: *900 bis 1200 M.*

2 Anlagen.

Termin zur Leistung des Offenbarungseides, zu welchem Schuldnerin ein vollständiges Vermögensverzeichniss mitzubringen hat, wird auf *den 28. April 1903 Vorm. 10 Uhr* hierselbst, Neue Friedrichstr. Nr. 13, Hof, Quergebäude I Treppe, Zimmer Nr *129* anberaumt.

Berlin, den *10. April* 1903.

Königl. Amtsger. I, Abth. *46*.

N. N.

D*ie* Schuldner*in* muss *dem* Gläubiger aus dem anliegenden, mit der Vollstreckungsklausel versehenen und laut Zustellungsurkunde zugestellten Urtheile des Königlichen *Landgerichts Berlin I vom 10. October 1902 = 900 M.* nebst *6* % Zinsen seit dem *2. Februar 1902* zahlen.

Wegen dieser Forderung ist laut des anliegenden Pfändungsprotokolls des Gerichtsvollziehers *Strenge* vom *14. März 1903* die Zwangsvollstreckung *erfolglos* gewesen.

Gläubiger verlangt deshalb von der Schuldner*in* wegen *seiner obigen* Forderung die Ableistung des Offenbarungseides und ladet sie zu diesem Behufe vor das

Königl. Amtsger. Berlin I

zu dem angesetzten Termine.

Der Juwelier
W. Gold.

Lippert & Co. (G. Pätz'sche Buchdruckerei), Naumburg a/S.

FSC
www.fsc.org
MIX
Papier | Fördert
gute Waldnutzung
FSC® C083411

Kolibri 360 GmbH
Ferdinand-Jühlke-Straße 7
99095 Erfurt, Deutschland
produktsicherheit@kolibri360.de